Umweltfreunde 3

Ein Sachbuch
für die Grundschule

Herausgegeben von
Inge Koch

Unter Einbeziehung der Ausgabe von
Jana Arnold
Silvia Ehrich
Marion Kloss
Inge Koch
Christine Köller
Rolf Leimbach
Silke Nitschel

Unter Mitarbeit
der Cornelsen Redaktion

VOLK UND WISSEN

Umweltfreunde 3

Herausgegeben von
Inge Koch

Unter Einbeziehung der Ausgabe von
ana Arnold, Silvia Ehrich, Marion Kloss, Inge Koch,
Christine Köller, Rolf Leimbach, Silke Nitschel

Begutachtet von
Thomas Arnold (Limbach-Oberfrohna), Sylvia Arnold (Hohndorf), Silvia Ehrich (Neubrandenburg), Catrin Elies (Stendal), Ulrich Gard (Trier), Christine Köller (Woldegk), Sigrid Schröder (Mühlhausen), Anja Teger (Arneburg), Martina Theißen (Böhlen), Bernd Willems (Trier), Annett Zilger (Dresden)

Redaktion: Britta Frosina, Michael Venhoff
Bildrecherche (Foto): Franziska Becker
Illustrationen: Lisa Apfelbacher 22 (2), 61 (Wald); Uta Bettzieche: Kapitelvignetten, Piktogramme, Detektiv und Hund, 46–47; Hajo Blank: S. 16 (3), 61 (Uhr); Silvia Graupner: 5, 13, 25, 33, 41, 53, 62, 71, 79, 85, 93, 101, 107; Gabriele Heinisch: 9 (2), 12, 32, 42 (o.), 44–45, 72 (M.), 76, 78 (u.l.), 92, 108; Katharina Knebel: 8, 9 (1, 3–4), 10, 14 (u.), 16, 20, 27, 31, 34 (2), 35, 37–38, 39 (1–3), 42 (M.), 43 (l.), 49 (o. r.; u.), 50–51, 55, 57, 78, 81–83, 107, 110; Sandra Menke: 60; Oliver Regener 43 (r.); Steffen Walentowitz (17); Karl-Heinz Wieland 36, 54, 59, 61 (Tagbogen), 87 (u.), 88–89, 90–91; Hans Wunderlich: 16 (1), 17, 22 (1), 23, 34 (1), 38, 39 (4), 40, 48, 49 (o.l.; M.), 52, 60, 64, 72 (u.), 77, 80, 84, 87 (o.), 94–95, 98–100, 103–106, Kinderzeichnung xx: 14, 65

Umschlaggestaltung: tritopp, Berlin; Katharina Knebel (Illustration),
Uta Bettzieche (Detektiv und Hund)
Layout und technische Umsetzung: tritopp, Berlin

www.vwv.de

Dieses Werk enthält Vorschläge und Anleitungen für Untersuchungen und Experimente. Vor jedem Experiment sind mögliche Gefahrenquellen zu besprechen. Beim Experimentieren sind die Richtlinien zur Sicherheit im naturwissenschaftlichen Unterricht einzuhalten.

1. Auflage, 1. Druck 2016

Druck: AZ Druck und Datentechnik GmbH, Kempten

ISBN 978-3-06-080650-8

PEFC
PEFC/04-31-2260

PEFC zertifiziert
Dieses Produkt stammt aus nachhaltig bewirtschafteten Wäldern und kontrollierten Quellen.
www.pefc.de

Inhalt

In der Schule

Wie lernen Kinder in anderen Ländern?

Das Foto beschreiben; Zusammenhänge zwischen der Frage und der unteren Abbildung herstellen

Regeln in der Klasse

1 Sprecht in Gruppen über diese Regeln.
Welche **Regeln** würdet ihr ändern? Wie sollten sie heißen?

1

Beim Essen sitzen wir
auf unseren Plätzen.
Es wird nicht gesprochen.
Das Messer liegt rechts,
die Gabel links vom Teller.

2

Vor dem Schulbus drängeln wir nicht.
Im Bus unterhalten wir uns nur leise.
Essen und trinken sind verboten.

3

In der Pause sind wir nett zueinander.
Wir verhalten uns ruhig
und toben nicht wild herum.
Niemand zankt oder schlägt sich.

4

Alle Kinder bleiben in der Klasse
auf ihren Plätzen
und hören aufmerksam zu.
Es wird nicht gespielt.
Geredet wird nur, wenn es sein muss.

In vielen Schulklassen bestimmen die Kinder selbst Klassenregeln.
Jeder kann Regeln vorschlagen.

In der Klasse 3 b hängen die Kinder große Fotos auf. So zeigen sie einander, welches Verhalten sie gut finden und welches sie ablehnen.

INTERESSANT

Vielen Menschen ist es wichtig, gut mit anderen auszukommen. Adolph Freiherr von Knigge beobachtete das Verhalten der Menschen und schrieb im Jahr 1788 das Buch „Über den Umgang mit Menschen“. Darin sammelte er **Regeln**, wie Menschen miteinander umgehen sollten.
Mit dem Namen Knigge verbindet man bis heute Regeln für ein gutes Verhalten.

Ueber den
Umgang mit Menschen.
Von
Adolph Freiherrn Knigge.
In drei Theilen.
Siebente verbesserte Auflage.
Mit dem Portrait des Verfassers.
Mit Churfürstlich Sächsischem Privilegio.
Hannover,
in der Ritscherschen Buchhandlung.
1801.

MITMACHEN UND NACHDENKEN

2 Wie könnt ihr eure Klassenregeln in Bildern darstellen? Zeichnet und fotografiert dazu.

3 Stellt weitere Regeln auf: Für die Familie, beim Enkaufen …

Der Klassenrat tagt

1 Schreibt eure Wünsche und Beschwerden eine Woche lang auf Zettel. Schreibt auch auf, was euch gefällt. Steckt die Zettel an die Pinnwand.

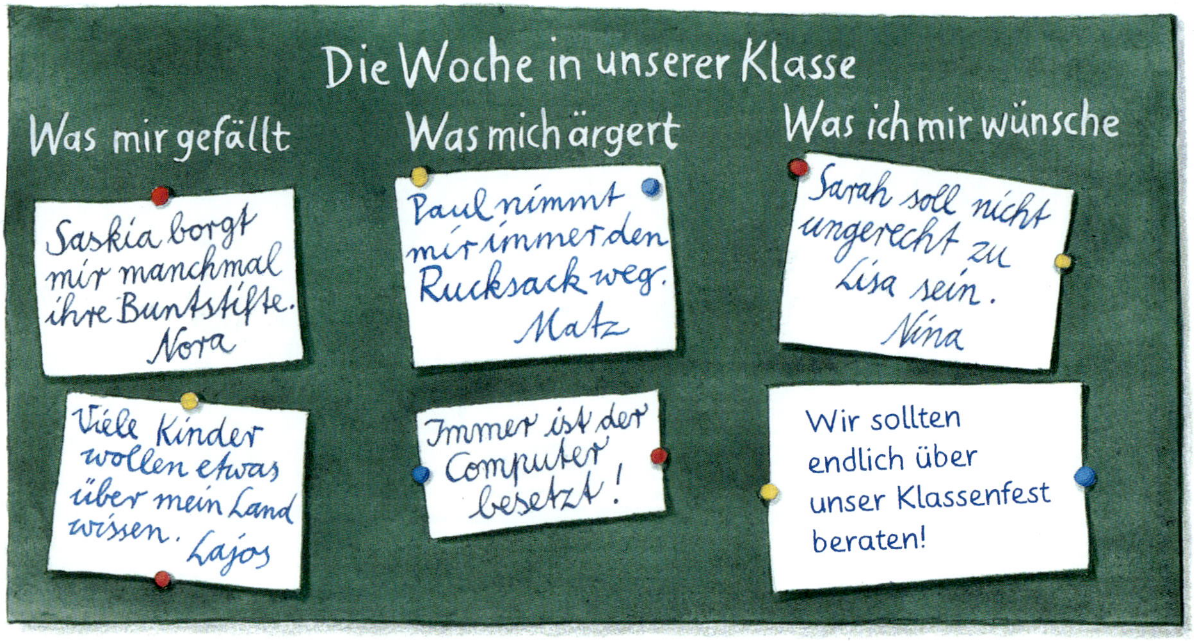

Am Ende der Woche tagt der Klassenrat.
Am **Klassenrat** nehmen alle Schülerinnen und Schüler der Klasse teil.
Legt gemeinsam den Zeitpunkt und die Regeln für die Beratung fest.
Alle können diskutieren.
Es wird gemeinsam entschieden.
Einige Kinder übernehmen bestimmte Aufgaben.

Die Klassen- und Schulgemeinschaft mitgestalten;
Formen der Gesprächsführung selbstständig anwenden

Jeder kann seine Meinung sagen.
Am besten geht es mit der Fünf-Finger-Methode.

Viele Kinder melden sich daraufhin zu Wort.
Ein Kind schreibt das **Protokoll**.

Protokoll des Klassenrates vom 4.5.	Thema Klassenfest
Protokollant: Gero Hellmann	heute
1. Überprüfen der Vereinbarungen aus dem Protokoll	Abstimmung: 24 Kinder
vom 3.4.	• Vorschlag a) 19 Kinder ja
2. Ideen zum Thema Klassenfest	• Vorschlag b) 18 Kinder ja
a) In Gruppen Programm vorbereiten	• Vorschlag c) 3 Kinder ja, 20 Kinder nein
b) Gäste einladen	Beschluss: Vorbereitung des
c) Eltern sollen Spiele vorbereiten	Programms in Gruppen,
	Fest mit Gästen

MITMACHEN UND NACHDENKEN

2 Besprecht, welche Aufgaben die Kinder im abgebildeten Klassenrat haben.

3 Legt auch in eurer Klasse die Aufgaben im Klassenrat fest.

4 Lest das Protokoll. Was wurde diskutiert und beschlossen?

Schule anderswo

1 Finde Gemeinsamkeiten und Unterschiede zu deinem Schultag.

In Großbritannien
Hallo, mein Name ist Jack. Ich bin sieben Jahre alt. Ich wohne in London. Das ist die Hauptstadt von Großbritannien. Ich bin mit fünf Jahren in die Schule gekommen. Jetzt gehe ich in die 3. Klasse.

Das ist mein Stundenplan:

in Englisch

Time	Monday	Tuesday	Wednesday	Thursday	Friday
9.05–9.30	Mental Maths	Mental Maths	Mental Maths	ICT	Assembly
9.30–10.15	Maths	Maths	Maths	Mental Maths	Maths

in Deutsch

Uhrzeit	Montag	Dienstag	Mittwoch	Donnerstag	Freitag
9.05–9.30	Kopfrechnen	Kopfrechnen	Kopfrechnen	Informatik	Versammlung
9.30–10.15	Mathe	Mathe	Mathe	Kopfrechnen	Mathe
10.15–10.45	Versammlung	Versammlung	Versammlung	Versammlung	Mathe
10.45–11.00	Pause				
11.00–12.00	Englisch	Englisch	Deutsch	Englisch	Deutsch
12.00–12.30	Bücherkiste	Rechtschreibung	Kreisgespräch	Schreiben	Handschrift
12.30–13.30	Mittagessen				
13.30–14.30	Informatik	Geschichte	Kunst	Lesen	Sachunterricht
14.30–15.15	Sachunterricht	Sport	Musik	GE*	Sport

* GE bedeutet Gesundheitserziehung.

Wir sind 33 Kinder in der Klasse. Mein Lieblingsfach ist Geschichte. Am Freitag besprechen wir immer alle Dinge, die für die Klasse wichtig sind. Zum Beispiel den Streit von Jessica und Charlie oder das Klassenfest nächste Woche. An anderen Tagen gibt es Versammlungen für alle Kinder der Schule.

Schule auch in anderen Ländern als sozialen Lebensraum begreifen;
Gestaltung und Zweckmäßigkeit von Schulen vergleichen und diskutieren

In Australien

Ich wohne auf einer **Farm**. Meine Schule ist 1000 km entfernt. Deshalb lerne ich zu Hause. Mutti hilft mir dabei. Meine Lehrerin schickt mir per E-Mail Aufgaben. Die Lösungen sende ich an sie zurück. Jeden Tag **skype** ich eine halbe Stunde mit ihr. Meine Mitschüler, die auch so lernen wie ich, treffe ich ab und zu bei unseren Familientreffen in der Schule.

Emily

Yan-Yin

In China

Bei uns beginnt die Schule mit Frühsport. Alle Kinder machen die Übungen mit. Danach sind wir fit und munter für den Unterricht. In meiner Klasse lernen 52 Kinder. Unser Schultag dauert von 7.30 Uhr bis 16.00 Uhr. Mittags haben wir zwei Stunden Pause. Chinesisch zu schreiben ist nicht einfach. Wir haben mehr als 50 000 Schriftzeichen. 学校

MITMACHEN UND NACHDENKEN

2 Schau dir die Bilder an. Lies die Texte. Vergleiche mit deiner Schule.

3 Informiere dich über die Schule in einem weiteren Land. Stelle deine Ergebnisse vor.

4 Finde Großbritannien, Australien und China auf einem **Globus**.

Miteinander auskommen

1 Wähle Aufgaben aus.

1 Richtig grüßen

Welches Benehmen ist besser? Wie heißen die Regeln?

2 Einen Höflichkeitstag planen

- Wie begrüßen wir Fremde?
- Wer hält wem die Tür auf?
- Wie benehmen wir uns im Unterricht?
- Wie verhalten wir uns in den Pausen?
- Wie benehmen wir uns beim Essen?

Schreibt auf, welche Regeln dazu passen.

3 Schulkleidung

In einigen Ländern tragen die Kinder Schulkleidung.
Das soll durch einheitliche Schulkleidung erreicht werden:

- Gemeinschaftsgefühl stärken
- kein Wetteifern wegen teurer Markenkleidung

Was meinst du dazu?

Sei ein Modegestalter und entwirf eine Schuluniform.

Kinder einer Schule in der Türkei

Rituale guten Benehmens selbstständig praktizieren;
Formen der Gesprächsführung selbstständig anwenden

AH S.2/3

Im Herbst

Der Wind kann aus unterschiedlichen Richtungen wehen.

Von Nord nach Süd

Von Süd nach Nord

Von West nach Ost

Von Ost nach West

Das Foto beschreiben; Zusammenhänge zwischen der Frage und der unteren Abbildung herstellen

Im Herbst wird es windiger und kühler

1 Wie entsteht Wind?

Wo die Sonne scheint, erwärmt sich zuerst die Erde und dann die Luft, die sich darüber befindet. Die erwärmte Luft steigt nach oben. Weiter entfernt ist es bewölkt. Die Erde kann sich dort nicht so gut erwärmen. Die Luft bleibt kalt und sinkt nach unten ab. Am Boden strömt die kalte Luft dorthin, wo die warme Luft aufgestiegen ist. Diesen Luftstrom nennt man Wind. Luft kann in alle Richtungen strömen.

LEICHTER LERNEN

Zu Texten zeichnen

- Lies den Text.
- Zeichne eine Skizze. Sie hilft dir, den Text besser zu verstehen.

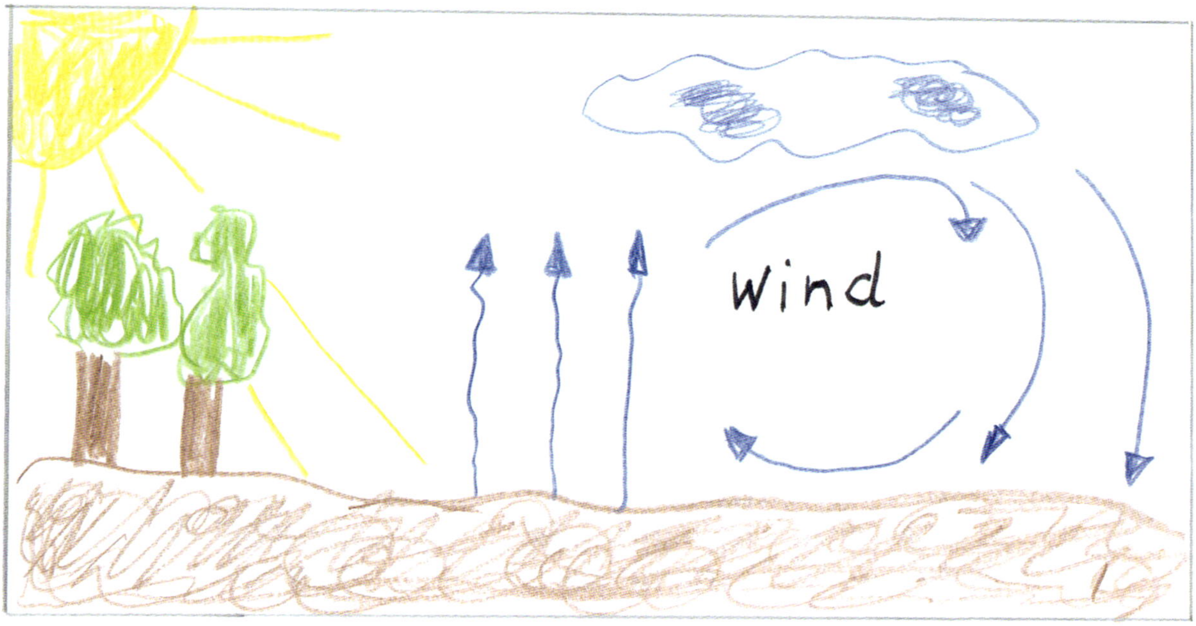

Windstärken messen

Der englische Seefahrer Francis Beaufort legte im Jahr 1806 eine Windskala an. Sie misst die Windstärke in 12 Stufen. Heute werden Windstärke und Windrichtung in **Wetterberichten** durch Bilder, Zeichen und Beschreibungen angegeben.

0 windstill	**3** schwacher Wind	**4** mäßiger Wind	**6** starker Wind	**9** Sturm
Rauch steigt steil auf, Blätter bewegen sich nicht.	Blätter und dünne Zweige bewegen sich leicht.	Blätter und Äste bewegen sich, Staub fliegt hoch.	Bäume bewegen sich, Blätter, Dinge fliegen hoch.	Äste brechen, Ziegel fallen von den Dächern.

Sich über das Wetter informieren: Windentstehung, Windrichtung, Windstärke

AH S.4/5

Lufttemperatur im Herbst

Im Sommer steht die Sonne ganz hoch am Himmel und scheint sehr lange. Im Herbst sind die Tage viel kürzer und die Sonne steht nicht mehr so hoch am Himmel. Deshalb wird es immer kühler.

Lufttemperatur messen

In Deutschland werden **Lufttemperaturen** täglich in fast 2 600 Wetterstationen gemessen.
Die Messergebnisse werden in Tabellen notiert und in Diagrammen dargestellt.
Nun kann man genau vergleichen:
Welche Temperatur wurde zu welcher Zeit und an welchem Ort gemessen?

INTERESSANT

Der Schwede Anders Celsius konstruierte 1742 ein **Thermometer** mit einer Skala.
Deshalb heißt die Gradeinteilung nach ihm „Grad Celsius".
Das Zeichen dafür ist °C;
Man nennt:
- den Punkt, wo Wasser zu Eis wird, 0 Grad Celsius,
- den Punkt, wo Wasser siedet, 100 Grad Celsius.

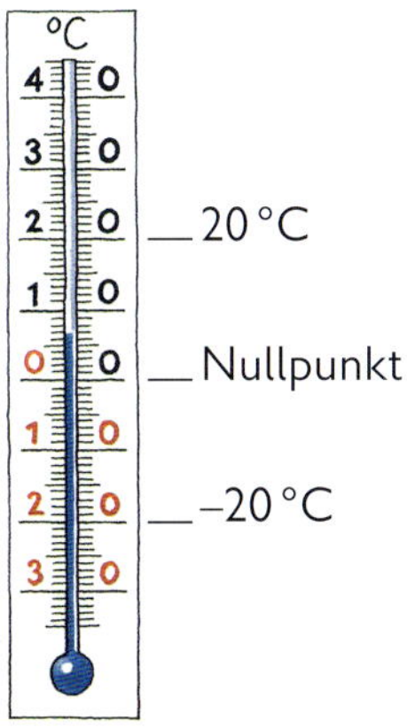

Je nach Temperatur steigt oder sinkt die Flüssigkeit im Glasrohr und zeigt die Temperatur an.

MITMACHEN UND NACHDENKEN

2 Beschreibe das Diagramm.
- Was zeigt es?
- Vergleiche die Temperaturen im Sommer und im Herbst. Begründe die Unterschiede.

3 Messt eine Woche lang immer zur gleichen Zeit die Temperatur draußen. Notiert die Ergebnisse. Was stellt ihr fest?

Wie der Luftdruck wirkt

1 Unser Wetter hängt mit dem Luftdruck zusammen.
Führt den Versuch durch. Erklärt das Versuchsergebnis.

Wie Luftdruck wirkt **EXPERIMENT**

Du brauchst:
- ein Glas
- ein Stück Pappe
- Wasser
- eine große Schüssel

Gehe so vor:
- Fülle das Glas randvoll mit Wasser.
- Lege die Pappe auf das Glas. Halte sie fest. Drehe das Glas über der Schüssel um.
- Lass die Pappe los.

Luft hat ein Gewicht

Luft ist ein Gemisch aus verschiedenen Gasen, die ein Gewicht haben.

Der italienische Wissenschaftler Galileo Galilei fand heraus, dass ein Liter Luft 1,3 Gramm wiegt. Das scheint wenig zu sein, doch die Lufthülle der Erde ist etwa 100 Kilometer dick. So drücken 5500 Kilogramm Luft auf deinen Körper.

So viel etwa wiegt ein Afrikanischer Elefant. Du spürst diesen Druck aber nicht, denn in deinem Körper herrscht ebenfalls ein Druck. Der ist so groß wie der Luftdruck außen.

Luft übt Druck aus

Dass Luft einen Druck ausübt, bewies im Jahre 1656 der Magdeburger Otto von Guericke mit einem Versuch. Er ließ zwei Halbkugelschalen aus Metall zu einer Kugel zusammensetzen und mit einer Pumpe die Luft aus dem Hohlraum pumpen. So entstand in der Kugel ein luftleerer Raum, ein **Vakuum**.
An den Kugelhälften waren Seile befestigt. Auf Kommando zogen 16 Pferde nach zwei Seiten an der Kugel. Doch die Kugel ließ sich nicht auseinanderziehen. Erst als ein Kind das Ventil an der Kugel öffnete, fielen die Kugelhälften auseinander.

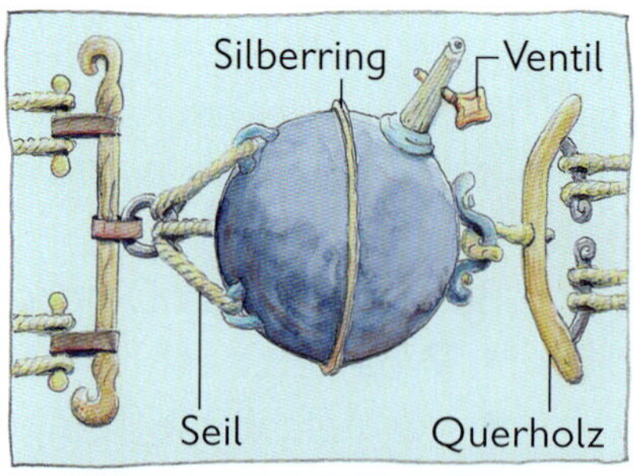

Die Wirkung des Luftdrucks beschreiben;
Forscher und ihre historischen Leistungen nennen

Luftdruck messen

Den Luftdruck kann man mit einem Barometer messen: mit einem Flüssigkeitsbarometer, einem Dosenbarometer, einem **digitalen Barometer** …

Beim Dosenbarometer befindet sich am Boden eine Dose, die gut befestigt ist und keine Luft enthält. Die Dose ist mit einer gebogenen Feder und einem Zeiger verbunden. Verändert sich der Luftdruck, verformt sich die Dose: Der Dosendeckel wird zusammengedrückt, wenn der Luftdruck steigt. Er dehnt sich aus, wenn der Luftdruck sinkt. Die Bewegung überträgt sich auf die Feder und den Zeiger.

Mit Hilfe des Luftdrucks kannst du das Wetter vorhersagen:
Bei hohem Luftdruck scheint eher die Sonne, bei niedrigem Luftdruck ist es bewölkt.

Ein Barometer bauen

EXPERIMENT

Ihr braucht:

- ein Marmeladenglas
- einen Luftballon
- zwei Gummiringe
- schmales Klebeband
- einen kurzen Holzspieß
- Pappe (6 cm mal 10 cm)
- ein Holzklötzchen (6 cm hoch)
- Schere, Lineal, Stift

Geht so vor:

- Schneidet aus dem Luftballon ein großes Stück heraus.
- Spannt es mit zwei Gummiringen fest auf die Öffnung des Glases.
- Befestigt das stumpfe Ende des Holzspießes mit Klebeband auf dem Luftballonstück.
- Fertigt die Skala nach der Vorlage an.

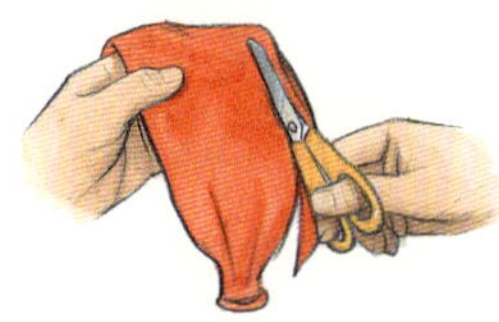

MITMACHEN UND NACHDENKEN

2 Lege eine Tabelle für 14 Tage an. Beobachte an jedem dritten Tag den Luftdruck und das Wetter. Trage ein.

Datum	Luftdruck	Wetter

Wolkenbilder lesen

1 Erkläre die Wolkenarten.

Wolken sind Gebilde aus winzigen Wassertropfen oder aus Eis.
Ihre Formen und Farben wechseln ständig. Wolken sind Wetterboten.

Federwolken stehen hoch am Himmel. Sie sind aus Eis und sehen aus wie weiße Federn oder Flecken. Bei heftigem Wind zerfasern sie. Diese Wolken kündigen schlechtes Wetter an.

Regenwolken sind große, dunkle Wolken. Sie bringen viel Niederschlag. Eine schwarze Wolkenwand warnt: Es kann heftige Windböen geben, und es kann hageln.

Schichtwolken bestehen aus Eis und feinen Wassertropfen. Sie können fast bis zum Boden reichen. Meist fällt dann Nieselregen oder es gibt feine Graupeln. Manchmal ist hinter den Wolken die Sonne in einem Lichtkreis zu sehen.

Haufenwolken sind Schönwetterwolken. Sie entstehen bei sonnigem Wetter, wenn etwas feuchte Luft aufsteigt. Ihre Unterseite ist meist flach, die Oberseite wie ein Blumenkohl aufgebauscht.

Symbole für die Bewölkung				
○ wolkenlos	◔ heiter	◑ wolkig	◕ stark bewölkt	● bedeckt
Der Himmel ist blau oder sternenklar.	Nur wenige Wolken sind zu sehen.	Wolken und klarer Himmel sind etwa gleich verteilt.	Wolken bedecken fast den gesamten Himmel.	Wolken bedecken den Himmel vollständig.

Wetterelemente kennen und benennen: Bewölkung beobachten; über symbolische Darstellung reflektieren

Niederschläge fallen aus Wolken oder entstehen bei besonderen Wettererscheinungen.

Regen und Schnee
Viele winzige Wassertropfen und Eiskörner bewegen sich in den Wolken hin und her. Sie stoßen zusammen und bilden große Tropfen oder Eiskristalle. Sind sie schwer genug, fallen sie aus der Wolke. Bei Lufttemperaturen über 0 °C fällt Regen. Bei Temperaturen unter 0 °C fällt Schnee. Schneeflocken bestehen aus Eiskristallen.

Tau und Reif
Manchmal bilden sich morgens auf Pflanzen und Gegenständen Wassertropfen. Das ist Tau. Er entsteht, wenn die Luft tagsüber trocken ist und nachts stark abkühlt. Sinkt die Temperatur unter 0 °C, wird alles mit Eiskristallen überzogen. Das ist Reif. Tau oder Reif zeigen trockene Luft an. Meist folgt dann ein sonniger Tag.

Gewitter und Hagel
Eine Gewitterwolke türmt sich rasch auf. In ihr wehen starke Winde auf und ab. Diese bewegen die Wassertropfen hin und her. Hoch oben in der Wolke vereisen die Wassertropfen und fallen als Eiskörner wieder herab. In der Wolke können diese Hagelkörner so groß wie Murmeln, Taubeneier oder sogar Tennisbälle werden. Es blitzt und donnert. Heftiger Regen oder Hagel fällt aus der Wolke auf die Erde.

Nebel
Nebel ist eine Wolke in der Nähe des Bodens. Sie besteht aus vielen feinen Wassertröpfchen, die einen dichten Schleier bilden.

Symbole für Niederschläge und					Wettererscheinungen	
Regen	Schnee	Tau	Reif	Hagel	Nebel	Gewitter

2 Malt oder beschreibt Wettererscheinungen, die ihr schon erlebt habt.

Das Wetter beobachten und vorhersagen

1 Wie beobachten die Kinder das Wetter? Beschreibe.

LEICHTER LERNEN

Zu Bildern Fragen stellen.

- Betrachte das Bild genau.
- Finde Fragen.
  1. Was tun die Kinder?
  2. Welche Hilfsmittel nutzen sie?
- Beantworte die Fragen:
  1. Die Kinder messen die Lufttemperatur, ermitteln die Windrichtung, betrachten die Wolken …

2 Führt selbst Wetterbeobachtungen durch.
Nutzt diese Hilfsmittel.

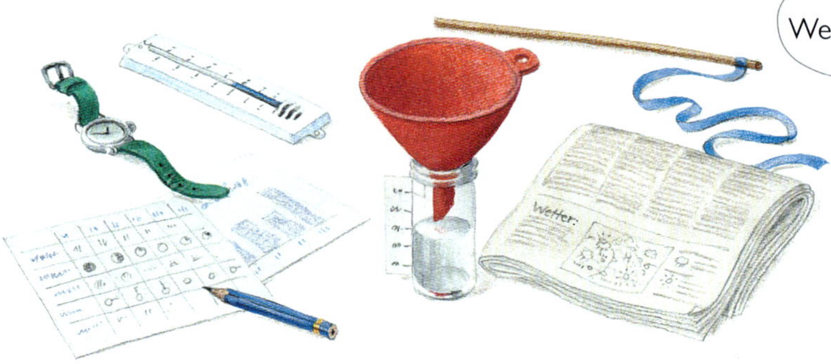

Tragt die Beobachtungen eine Woche lang in eine Wettertabelle ein.

Wettertabelle im Herbst						
Datum	Uhrzeit	Temperatur in °C	Bewölkung	Niederschlag	Windstärke Windrichtung	Sonnenaufgang/ Sonnenuntergang
10.10.	12.00	11	●	◍	O—ᴗ	7.36 Uhr / 18.41 Uhr
11.10						

Wetter beobachten, dazu selbst gebaute Geräte nutzen;
Wetterbeobachtungstabellen anlegen

Das Wetter auf der Erde wird vor allem von der Sonne, der Luft und dem Wasser beeinflusst.
Wissenschaftler, die das Wetter erforschen, heißen Meteorologen.
Sie nutzen zum Beobachten und Auswerten moderne Technik.

Satelliten senden aus dem Weltraum Bilder, die die Wolkenbewegungen überall auf der Erde zeigen.

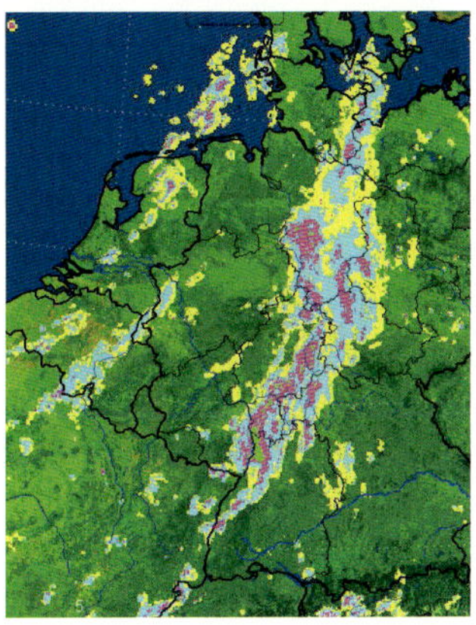

Radarbilder zeigen an, wo Niederschläge fallen. Die verschiedenen Farben kennzeichnen, wie viel Niederschlag fällt.

In vielen **Wetterstationen** wird weltweit das aktuelle Wetter beobachtet und gemessen.

Aus allen Informationen ermitteln Computer, wie sich das Wetter entwickeln wird.
Du kannst die Wettervorhersage für deinen Ort zum Beispiel in Zeitungen, im Fernsehen oder im Internet nachschauen.

INTERESSANT

Früher schrieben vor allem Bauern und Seeleute Wetterbeobachtungen auf. Beobachtungen, die über Jahre ähnlich waren, dienten als Wettervorhersagen. Sie sind als Wetter- oder Bauernregeln bekannt. Oft trafen sie zu, aber nicht immer.

Bauern-kalender

Nichts kann vor Raupen
mehr schützen
als Oktobereis in Pfützen.

Oktober rau,
Januar lau.

Im November Morgenrot
mit langem Regen droht.

Novemberschnee
tut der Saat nicht weh.

MITMACHEN UND NACHDENKEN

3 Vergleiche Wettervorhersagen aus verschiedenen Medien. Welche Gemeinsamkeiten und Unterschiede entdeckst du?

Der Tagbogen der Sonne

An wolkenlosen Tagen ist die Sonne gut zu beobachten.
Sie scheint in einem Bogen über den Himmel zu wandern.
Das nennt man den Tagbogen der Sonne.

1 Vergleiche den Tagbogen der Sonne in den einzelnen Jahreszeiten:
- Wann steht die Sonne zur Mittagszeit am höchsten?
- Wie lange scheint die Sonne am Tag?
- Wo geht die Sonne auf? In welcher Richtung geht sie unter?

Tagbogen der Sonne in den Jahreszeiten

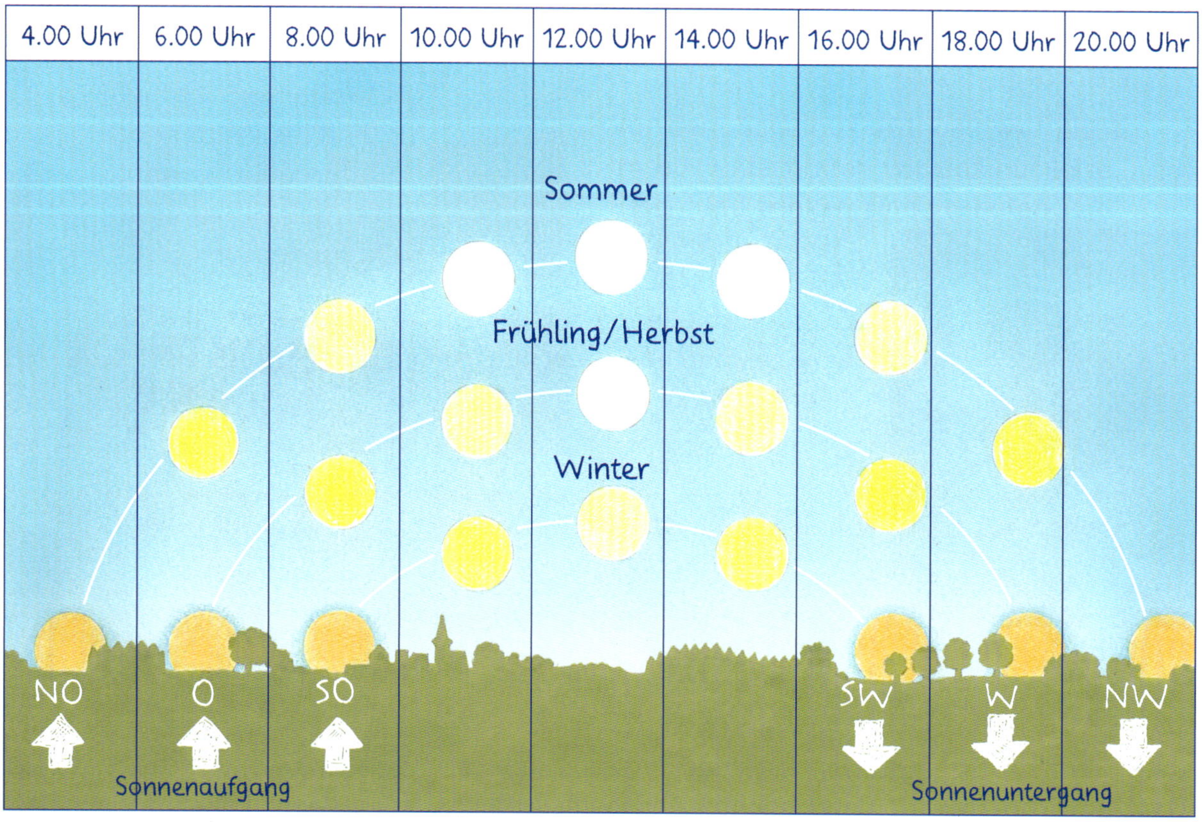

INTERESSANT

Die Erde bewegt sich auf einer Bahn
in einem Jahr einmal um die Sonne.
Die Erdachse ist geneigt.
So strahlt die Sonne mal steiler und länger,
mal flacher und kürzer auf Gebiete der Erde.
Deshalb ist es dort mal wärmer und mal kälter.
Wir erleben Jahreszeiten.

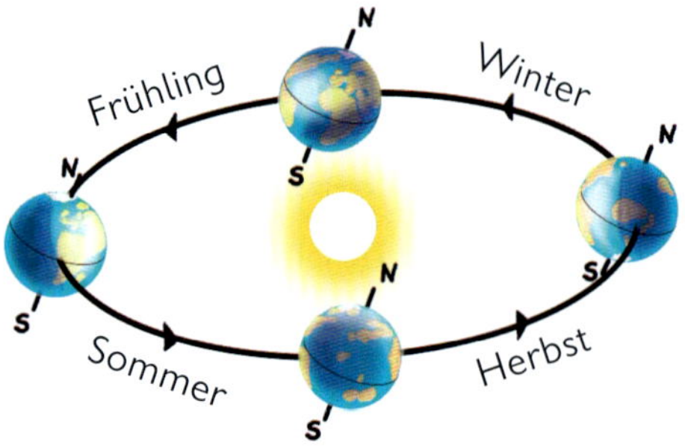

Jahreszeitliche Veränderungen der Temperatur in Abhängigkeit vom Stand der Sonne (Tagbogen der Sonne) beobachten und beschreiben

In den **Jahreszeiten** verändert sich vieles in der Natur:
die Temperatur, das Wetter, Pflanzen und Tiere, die Dauer von Tag und Nacht.

Frühling

- Beginn am 21. März, Tag und Nacht sind gleich lang.
- Täglich wird es etwas später dunkel. Die Nächte werden kürzer.
- Die Sonne steigt mittags immer höher. Es wird wärmer.
- Land und Meere erwärmen sich.

Sommer

- Beginn am 21. Juni, Sommersonnenwende
- Es ist der längste Tag und die kürzeste Nacht im Jahr.
- Ab jetzt werden die Tage wieder kürzer und die Nächte länger.
- Die Sonne steigt mittags täglich etwas weniger hoch, aber noch wärmt sie stark.
- Land und Meere erwärmen sich weiter.

Herbst

- Beginn am 23. September, Tag und Nacht sind gleich lang.
- Täglich wird es etwas früher dunkel. Die Nächte werden länger.
- Die Sonne steigt mittags immer weniger hoch. Es wird kühler.
- Land und Meere kühlen ab.

Winter

- Beginn am 21. Dezember, Wintersonnenwende.
- Es ist der kürzeste Tag und die längste Nacht im Jahr.
- Ab jetzt werden die Tage wieder länger und die Nächte kürzer.
- Die Sonne steigt mittags täglich etwas höher, aber sie wärmt noch wenig.
- Land und Meere bleiben noch kühl.

MITMACHEN UND NACHDENKEN

2 Gestaltet Plakate zu den Jahreszeiten.

3 Erkläre den Tagbogen der Sonne in den Jahreszeiten. Nimm **Globus** und Taschenlampe zu Hilfe.

S. 2/3

Wetter extrem

1 Wähle Aufgaben aus.
Forsche nach.

1 Gefährliches Wetter

Extrem nennen wir Wetterereignisse, die vom üblichen Wetter abweichen.

Wetter extrem
- schwere Gewitter
- starke Kälte
- Hitzewellen
- starke Regenfälle
- **Blitzhochwasser**
- Schnee-, Sand- und Wirbelstürme
- Schneesturm (**Blizzard**), Blitzeis

Informiere dich über extremes Wetter und seine Folgen in Thüringen.

2 Hagel

In Thüringen gab es vor Jahren zwei schwere Hagelunwetter. 5–7 cm große Hagelkörner zerstörten Felder, Gärten und Dächer, vernichteten die Obsternte, beschädigten tausende Autos.

Wie groß können Hagelkörner werden?

3 Tornado

Ein Tornado wütet über dem Thüringer Land. Zäune knicken um, Gartenmöbel wirbeln durcheinander, Bäume stürzen um.

Forsche nach:
Wie entsteht ein Tornado?

4 Wirbelstürme

Wirbelstürme entstehen über dem Meer.

Wirbelstürme heißen unterschiedlich
Atlantischer Ozean: Hurrikan
Indischer Ozean: Zyklon
Pazifischer Ozean: Taifun

Informiert euch, wie Wirbelstürme entstehen.
Erkundet auch, welche Schäden sie anrichten.

Extreme Wettererscheinungen und ihre möglichen Folgen beschreiben;
sich über das Wetter in Medien informieren

S. 2/3

Miteinander leben

Das Foto beschreiben; Zusammenhänge zwischen der Frage und der unteren Abbildung herstellen

Wie Familien leben

1 Schreibe auf, wie du dir einen Tag in einer dieser Familien vorstellst.

Jeder Mensch lebt in seiner **Familie** nach eigenen Regeln und Vorstellungen. Das Leben in der Familie wird aber auch durch **Traditionen** bestimmt. Menschen sprechen unterschiedliche Sprachen, feiern besondere Feste, spielen ihre Musik mit eigenen Instrumenten und kochen Essen nach Rezepten, die sie von ihren Eltern kennen.

Heute leben viele Menschen mit ausländischen Wurzeln bei uns. Sie bringen ihre Kulturen mit nach Deutschland und lernen unsere **Kultur** kennen.

FAMILIE: GEBORGEN SEIN · VERTRAUEN HABEN · VERANTWORTUNG ÜBERNEHMEN

Kultureller Vielfalt begegnen; soziale Gemeinschaften (Familien) vergleichen;
Kooperationen zwischen Kulturen in Ansätzen verstehen (Ehepartner aus verschiedenen Kulturkreisen)

Laura

Meine Eltern sind geschieden. Ich habe zwei Schwestern, eine große und eine kleine. Meine große Schwester hilft mir manchmal bei den Hausaufgaben. Wir verstehen uns gut. Wir alle helfen unserer Mama im Haushalt, denn sie arbeitet im Krankenhaus im Schichtdienst. In den Ferien fahren wir zu unserem Vater nach Kroatien. Er ist jetzt mit Mila verheiratet. Beide wohnen in Zagreb. Dort haben sie ein kleines Restaurant. Mila kocht dort für uns ein kroatisches Sarma. Das sind Krautrouladen mit Reis und Fleisch. Das essen wir besonders gern und die Gäste auch.

Kingsley

Meine Mutti ist Dolmetscherin. Sie arbeitet in der Flüchtlingshilfe. Mein Papa ist in den USA geboren. Er arbeitet jetzt in Deutschland in einer Computerfirma. Als er so alt war wie ich, war er mit seinen Pfadfindern oft zelten. Da hat er kochen gelernt. Seine Spagetti mit Meatballs in Preiselbeer-Chili-Soße schmecken wirklich toll. Das Rezept hat er von meiner Oma. Mein großer Bruder ist jetzt für ein Jahr bei unserer Oma in Amerika. Er geht dort zur Schule. In der Freizeit arbeitet er in einem Hospital.

MITMACHEN UND NACHDENKEN

2 Was können Laura und Kingsley von ihren Eltern erfahren und lernen?

3 Befragt euch gegenseitig: Was kann ich von dir erfahren?

- einen schönen Brauch, den du kennst
- Wörter aus einer Sprache, die du sprichst
- ein Essen, was dir besonders schmeckt
- ein tolles Fest, das du feierst
- …

VERSTÄNDNIS HABEN · LIEBE ERFAHREN UND GEBEN · KONFLIKTE LÖSEN

Feste aus aller Welt

Überall auf der Welt feiern die Menschen Feste.
Sie kommen zusammen, um miteinander zu reden, zu musizieren, zu essen und zu trinken.
Sie wollen sich gemeinsam freuen, tanzen und ausgelassen sein.

1 Erzähle: So feiere ich Ostern in meiner Familie.

Ostern in Deutschland
Zeit: erster Sonntag nach dem ersten Frühjahrsvollmond

LEICHTER LERNEN

Informationen mit bekanntem Wissen verknüpfen

- Überlege, was du zu einem Thema schon weißt, zum Beispiel zum Osterfest.
- Informiere dich weiter: Frage andere und höre ihnen zu. Nutze Medien wie Bücher oder das Internet.
- Erzähle einem Partner oder zu Hause, was du jetzt zum Thema weißt.

Raksha Bandhan in Nordindien
Zeit: August

Raksha Bandhan ist das Fest der Liebe zwischen Schwester und Bruder. Raksha bedeutet Schutz und Bandhan Bindung. Auf dem Fest schenkt die Schwester dem Bruder ein selbst geflochtenes Armband. Der Bruder bedankt sich mit einem Geschenk.

Manchmal schenkt er der Schwester indische Rupien, bei uns wären das ein paar Cent. Bruder und Schwester wünschen einander, gesund zu bleiben und füreinander da zu sein, auch wenn sie größer werden.

Wir flechten einen Rakhi für Geschwister oder Freunde.

Zeit erfassen, Festtage als zyklische Einteilung des Jahres benennen; Traditionen und Kultur erfahren (Hintergründe von Festen), Toleranz gegenüber anderen Kulturen entwickeln

Halloween in den USA

Zeit: letzte Nacht im Oktober

Dieses Fest ist sehr alt. Früher fürchteten die Menschen, dass böse Geister in dieser Nacht Schlimmes anrichten. Heute verkleiden sich die Kinder als Geister. Sie erschrecken die Nachbarn mit dem Ruf „Trick or treat" – „Süßes oder Saures". Sie bekommen dann Süßigkeiten.

Wir verkleiden uns als Geister und feiern Halloween.

Neujahrsfest in China

Zeit: Es beginnt am ersten Tag des chinesischen Kalenders, meist im Februar, und dauert 15 Tage.

Das chinesische Neujahr ist eines der buntesten Feste der Welt. Zuerst machen die Familien ihre Häuser sauber, um das Unglück des letzten Jahres zu vertreiben. Dann schmücken sie die Räume mit Pfirsichblüten, das soll Glück bringen. Feuerwerkskörper an der Tür vertreiben böse Geister. Die Familien besuchen Verwandte und Freunde. Als Glücksbringer schenken sie einander orangefarbene Mandarinen mit Blättern. Die Kinder bekommen rote Päckchen mit Glücksgeld.

Wir informieren uns über die Zeichen des chinesischen Neujahrsfestes.

MITMACHEN UND NACHDENKEN

2 Was macht ihr auf Festen und Feiern? Sprecht darüber.

3 Gestalte eine Karte zu einem Fest, das du kennst. Stelle das Fest wie auf den Seiten 28 und 29 vor.

Wie leben wir im Ort zusammen?

Im Klassenrat

Alle Kinder beraten, diskutieren und entscheiden gemeinsam: Sie entscheiden demokratisch. Wie in eurer Klasse, so ist es auch in eurem Ort. Die Menschen dort entscheiden demokratisch über alle Fragen.

Demokratische Wahlen

Da nicht alle Menschen an allen Entscheidungen teilnehmen können, wählen die Einwohner jedes Ortes ihre Vertreter: den Stadtrat oder Gemeinderat und den **Bürgermeister** oder die **Bürgermeisterin**.

1 Informiert euch, was die Merkmale bedeuten.

Fünf Merkmale einer demokratischen Wahl

- unmittelbar
- allgemein
- frei
- geheim
- gleich

In einem Landkreis wählen die Bürger Menschen in den Kreistag: Der Kreistag entscheidet demokratisch über alle Angelegenheiten, die im Kreis beschlossen werden müssen. Den Vorsitz hat ein **Landrat** oder eine **Landrätin**. In einer kreisfreien Stadt berät und entscheidet der Stadtrat. Den Vorsitz hat ein Oberbürgermeister oder eine Oberbürgermeisterin.

INTERESSANT

Demokratisch entscheiden

A Jeder kann an der Versammlung, Abstimmung oder Wahl teilnehmen und hat gleich viele Stimmen.

B Ihr tauscht eure Meinungen frei aus.

C Jeder sollte dann wissen, was für die Entscheidung wichtig ist.

D Jeder sollte auch verstehen, worüber er entscheidet.

E Ihr wählt geheim oder stimmt öffentlich ab. Der Vorschlag, für den die meisten stimmen, wird angenommen.

Demokratische Einrichtungen nennen:
Gemeinde-/Stadtrat, Kreistag

2 Ein Besuch im Gemeinderat: Lest die Texte. Ordnet den Fragen die Antworten zu. Lest dann mit verteilten Rollen.

1 Die Bürgermeisterin lädt uns ein. Sie schickt uns die Tagesordnung und Material. So können wir uns vorbereiten.

2 Im letzten Jahr haben wir sechsmal beraten.

3 Es gab viel zu beraten, zum Beispiel: Wir planen den Bau eines neuen Wohngebiets. Und die alte Schule wird modernisiert. Der Seniorenclub braucht mehr Geld. Wir wollen auch neue Betriebe im Ort haben. Dann können mehr Menschen Arbeit finden.

4 Unsere Geldeinnahmen kommen aus Steuern, die Einwohner zahlen. Außerdem erhält die Gemeinde Geld von der Regierung. Und die Gemeinde verlangt Gebühren, zum Beispiel für die Müllabfuhr.

5 Vielleicht habt ihr es schon gesehen: In den Ferien wurden in eurer Schule drei Klassenräume renoviert und neue Computer gekauft.

6 Nach der Diskussion stimmen alle offen über einen Beschluss ab: mit Ja oder Nein. Stimmt die Mehrheit mit Ja, ist er angenommen. Stimmengleichheit bedeutet: Der Antrag ist abgelehnt. Man kann sich auch der Stimme enthalten.

7 Wir sind 16 Mitglieder: sieben Frauen und neun Männer.

Demokratisch handeln

1 Wähle Aufgaben aus. Forsche nach.

1 Bestimmen

Besprich die Situation mit einem Partnerkind.

2 Befehlen

Wähle ein Bild aus. Schreibe eine kurze Geschichte dazu.

3 Mitbestimmen

- Zu Hause darf ich mitentscheiden, welches Fernsehprogramm wir gemeinsam ansehen.

- Ich möchte mitbestimmen, was es als Schulessen gibt.

- Im Ort wird ein neuer Spielplatz gebaut. Die Spielgeräte werden vom Gemeinderat ausgesucht.

Was meinst du dazu? Schreibe zu jedem Punkt deine Meinung. Nutze ein Blatt Papier.

Im Winter

Welchen Einfluss hat das Wetter auf den Straßenverkehr?

Das Foto beschreiben; Zusammenhänge zwischen der Frage und der unteren Abbildung herstellen

Gefahren bei Winterwetter

Wie wird das Wetter? Diese Frage stellen sich alle, die draußen unterwegs sind. Aber auch Menschen, die in ihrem Beruf mit dem Wetter zu tun haben, wie Feuerwehrleute, Bauarbeiter oder LKW-Fahrer.
Wer im Winter zu Fuß geht, mit dem Rad oder dem Auto fährt, will wissen, ob es draußen glatt ist. Oft muss der **Winterdienst** für die Sicherheit auf Plätzen und Wegen sorgen.

1 Lege eine Tabelle an.

Wer braucht Wettervorhersagen?	
Beruf/Person	Begründung

2 Wettervorhersagen gibt es in verschiedenen Medien.
Vor welchen Gefahren wird hier gewarnt?

In der Zeitung

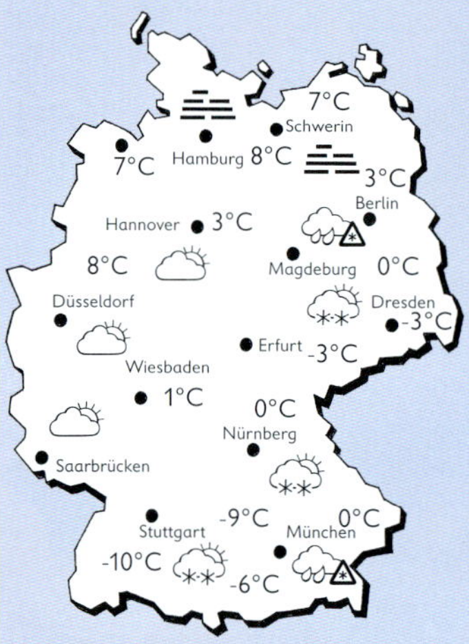

Die Wetterzeichen bedeuten:

- zeitweise sonnig, dichtere Wolken
- bewölkt, Schneefall oder Schneeschauer
- bedeckt und Regen friert
- neblig

Im Fernsehen

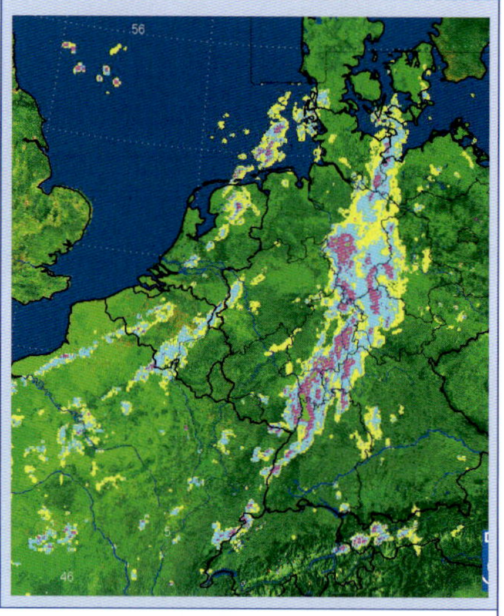

Im Radio

Im Internet

Suchwörter:
Wetter,
Wettervorhersage

Einfluss des Wetters auf das Leben der Menschen erklären;
jahreszeitliche Veränderungen (Temperatur) benennen

A

B

C

D

MITMACHEN UND NACHDENKEN

3 Was siehst du auf den Bildern A–D? Beschreibe.

4 Stellt Tipps zusammen:
Wie wir uns bei Wintergefahren verhalten.

5 Wie hilft die Feuerwehr im Winter?
Informiert euch im Internet oder
bei einem Besuch in einer Feuerwache.

Wie Pflanzen und Tiere überwintern

1 Untersuche eine Kastanienknospe.
Lege eine Sachzeichung an.

Kastanienbaum

Bereits im Sommer, als der Kastanienbaum reichlich Nährstoffe zum Wachsen hatte, legte er seine Knospen an.
Es sind große, klebrige Knospen.
Aus ihnen werden im nächsten Frühjahr neue Blätter und Blüten sprießen.
Der Kastanienbaum wirft im Herbst seine Laubblätter ab.
Nun ist der Baum in Winterruhe.
Alle Lebensvorgänge laufen langsam ab.
Kastanien sind **mehrjährige Pflanzen**.

Kastanienknospe

Längsschnitt durch eine Kastanienknospe

2 Lies die Texte. Beschreibe dann die Abbildungen.

Schneeglöckchen und Veilchen

Das Schneeglöckchen hat eine Zwiebel und das Veilchen einen Wurzelstock.
Darin haben die Pflanzen im Vorjahr Nährstoffe gesammelt und gespeichert.
Schneeglöckchen sind mehrjährige Pflanzen. Veilchen können einjährig oder mehrjährig sein.

Schneeglöckchen

Veilchen

Roggen

Roggen wird im Herbst gesät und überdauert den Winter als kleine Pflanze. Die Samenkörner reifen im Sommer in den Ähren.
Sie enthalten viele Nährstoffe und auch den Keimling. Wird ein Samen nach der Ernte ausgesät, entwickelt sich aus dem Keimling im nächsten Jahr eine neue Pflanze.
Roggen ist eine **einjährige Pflanze**.

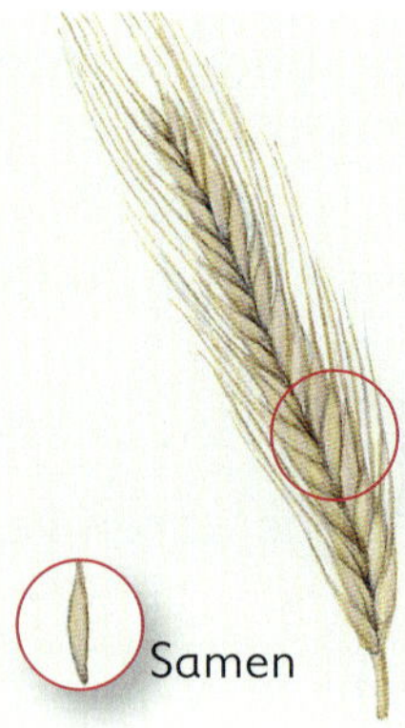

Einfluss des Wetters auf das Leben der Pflanzen erklären;
Langzeitbeobachtungen durchführen und auswerten

Im Winter aktiv

Zum Winter wird das Fell des Feldhasen dichter und dicker. Seine Farbe ist graubraun bis weißlich.
Als Einzelgänger ist er allein unterwegs. Besonders in der Dämmerung sucht er Futter, zum Beispiel Knospen, Triebe und auch Baumrinde.

Im Winterschlaf

Igel finden im Winter kaum Futter. Deshalb fressen sie sich im Sommer ein Fettpolster an und schlafen im Winter fünf bis sechs Monate. Sie halten Winterschlaf.

In Winterruhe

Eichhörnchen halten Winterruhe. Sie schlafen oder ruhen mehrere Tage in ihrem Nest. Dann aber suchen sie draußen wieder nach Nahrung.

Spuren im Schnee

Viele Tiere sind im Winter auf Nahrungssuche. Im Schnee sehen wir Fußspuren von Meisen, Krähen, Tauben und Sperlingen. Im Wald und auf dem Feld findest du **Spuren und Fährten** von Reh, Wildschwein, Feldhase, Fuchs, Maus und Eichhörnchen.

MITMACHEN UND NACHDENKEN

3 Wie überwintern Störche und Schwalben?

4 Informiere dich im Internet über weitere Tiere, die Winterschlaf oder Winterruhe halten.

5 Einige Tiere fallen in Winterstarre. Forsche nach. Präsentiere deine Ergebnisse.

Feuerwehr und Polizei helfen

1 Betrachte das Bild mit dem Autounfall.
Beschreibe, wie Polizei, Feuerwehr und andere Helfer zusammenarbeiten.

Feuerwehr und Polizei erfüllen wichtige Aufgaben:

Feuerwehr

Die wichtigste Aufgabe der Feuerwehr ist es, Menschen bei Notfällen zu retten: bei Unfällen, Überschwemmungen, Bränden, Explosionen, vor giftigen Stoffen. Aufgaben der Feuerwehr sind auch: Tiere aus Notsituationen zu befreien, Brände zu löschen, Menschen und Tiere vor Gefahren zu schützen sowie Bränden vorzubeugen.

Polizei

Auch die Polizei ist bei Unfällen im Einsatz. Sie sorgt für Ordnung und Sicherheit: im Straßenverkehr, bei Fußballspielen, bei Versammlungen und im Alltag. Die Schutzpolizei prüft bei Kontrollfahrten, ob alles in Ordnung ist. Vor allem will die Polizei aufklären und Schäden verhüten: durch Verkehrserziehung, Sendungen im Fernsehen, Beratungen und Gespräche.

2 Informiere dich über Hilfsorganisationen.
Bei welchen Notfällen helfen diese Organisationen?
Erstelle eine Tabelle dazu.

INTERESSANT

Es gibt in Deutschland noch andere Organisationen, die bei Notfällen helfen, zum Beispiel:

- Technisches Hilfswerk
- Deutsches Rotes Kreuz
- Deutsche Lebens-Rettungs-Gesellschaft

Das Zusammenwirken von Polizei und Feuerwehr beschreiben; die Aufgaben von Hilfsorganisationen beschreiben und vergleichen; Informationen zielgerichtet auswählen und beurteilen

Unfälle

Pressemitteilung
Schwerer Unfall auf A9

Ein Lkw hat an einer Baustelle der A9 am Hermsdorfer Kreuz vier Autos zusammengeschoben. Dabei wurden vier Menschen zum Teil schwer verletzt, eine 63-Jährige musste wiederbelebt werden. Der Lkw hatte nach Angaben der Autobahnpolizei am Dienstagmittag das Ende eines Staus übersehen und war auf die Autos gefahren. Drei Autos und der Lkw mussten abgeschleppt werden. Die Autobahn war in Richtung München anderthalb Stunden gesperrt, es bildete sich dort ein neuer Stau von etwa zehn Kilometern Länge. Der Sachschaden an den Fahrzeugen liegt bei mehr als 70 000 Euro.

Notfälle

Helfer

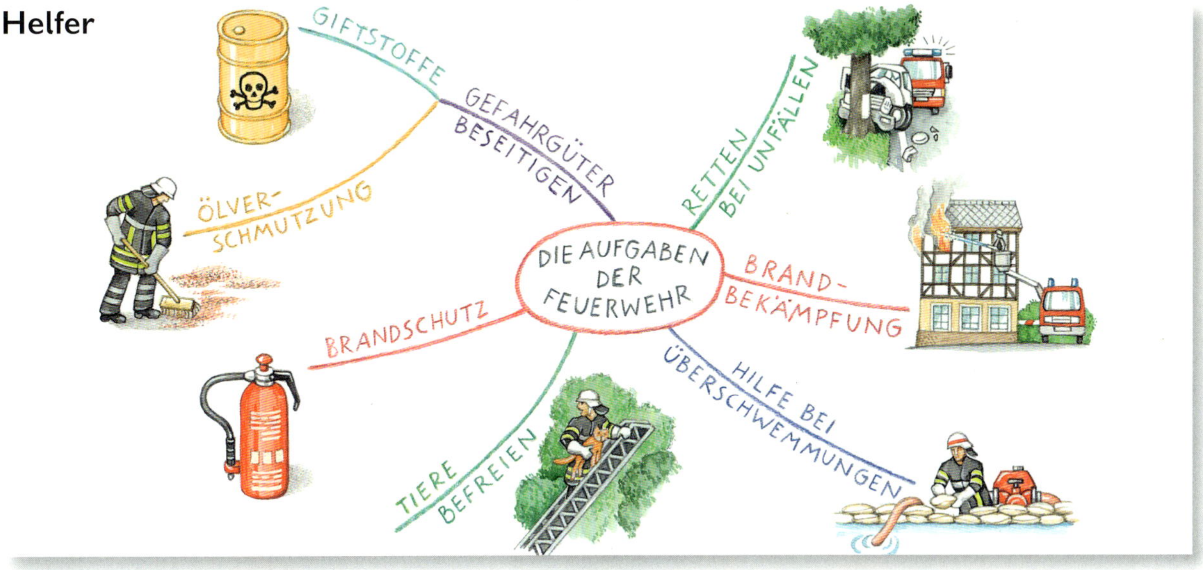

MITMACHEN UND NACHDENKEN

3 Finde Nachrichten, in denen von der Arbeit der Polizei, der Feuerwehr oder anderen Hilfsorganisationen berichtet wird.

4 Betrachte die Bilder „Notfälle“.
Wie könnt ihr hier die Arbeit der Polizei oder Feuerwehr unterstützen.

5 Betrachtet die Mindmap.
Schreibt eine ähnliche Mindmap für die Aufgaben der Polizei.

Brandschutzregeln

1 Wähle Aufgaben aus. Forsche nach.

1 Vorsicht mit Kerzen

Eine Kerzenflamme ist sehr heiß. Direkt über der Flamme beträgt die Temperatur bis zu 750 °C. Leicht kann ein Brand entstehen. Gehe deshalb sehr vorsichtig mit Kerzen um. Zünde Kerzen nur an, wenn ein Erwachsener dabei ist.

Forsche nach:
Wie funktioniert eine Kerze?

2 Brandschutz in der Schule

- Wo hängt der Alarmplan zum Brandschutz? Kennst du Verhaltensregeln im Brandfall?
- Wo ist euer Sammelplatz?
- Kennst du die Flucht- und Rettungswege?

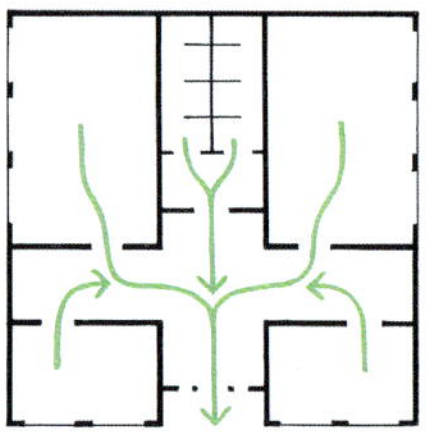

- Wie klingt das Alarmsignal?
- Wo befinden sich Feuerlöscher?

Forsche nach und löse die Aufgaben.

3 Regeln für den Umgang mit Kerzen

Bevor du die Kerzen anzündest …

- Sorge dafür, dass die Kerzen fest und nicht zu dicht nebeneinanderstehen.
- Kerzenständer sollten aus Metall, Keramik oder Glas sein.
- Stelle einen Eimer mit Wasser oder Sand zum Löschen bereit.

- Wenn du die Kerzen anzündest: Streichholz nie in den Papierkorb werfen.
- Vorsicht! Nicht mit Ärmeln oder Haaren über die offene Flamme kommen.

Wenn die Kerzen brennen …

Wenn du die Kerzen löschst …

Besprecht die **Brandschutzregeln** zum Umgang mit Kerzen. Ergänzt einige. Nutzt die Satzanfänge rechts.

Brandschutzregeln kennen; sich und sein Umfeld vor Schaden bewahren; sich verantwortungsvoll verhalten

S. 8

Das tut mir gut

Warum kann ich hüpfen und springen?

Schlaffe Muskeln – krummer Rücken

1 Teste dich und führe Protokoll:

- Kannst du mit geschlossenen Augen mindestens zehn Sekunden ruhig auf einem Bein stehen?

- Kannst du hintereinander fünf Sprünge auf einem Bein machen?

- Sitzt du weniger als eine Stunde pro Tag vor dem Fernseher?

- Bekommst du beim schnellen Treppensteigen genug Luft?

Hast du mindestens eine der Fragen mit „Nein“ beantwortet, bewegst du dich vielleicht zu wenig.
Du solltest deinen Körper und deine Ausdauer trainieren.
Dabei helfen Übungen, die deine Muskeln kräftigen und dehnen.

Übungen zum Kräftigen und Dehnen der Muskulatur

Übung 1: 10-mal

Übung 2: 5 Sekunden halten

Übung 3: 10-mal

Übung 4: täglich mehrmals

Übung 5: 5-mal

Übung 6: 15 Sekunden halten

Wenn möglich, Augen schließen

LEICHTER LERNEN

Übungen üben

- Lass dir Übungen genau zeigen.
- Richtiges Vormachen ist wichtig für richtiges Nachmachen.

Gesunde Lebensweise durch Muskeltraining fördern; einen Test durchführen; Übungen durchführen, die die Muskulatur kräftigen und dehnen

Die Wirbelsäule

Die Hauptstütze deines Körpers ist die Wirbelsäule. Bei guter Körperhaltung sieht die Wirbelsäule von der Seite wie ein doppeltes S aus. Sind Muskeln und Bänder nicht genügend in Aktion, so erschlaffen sie, und es kommt zu Haltungsschäden.

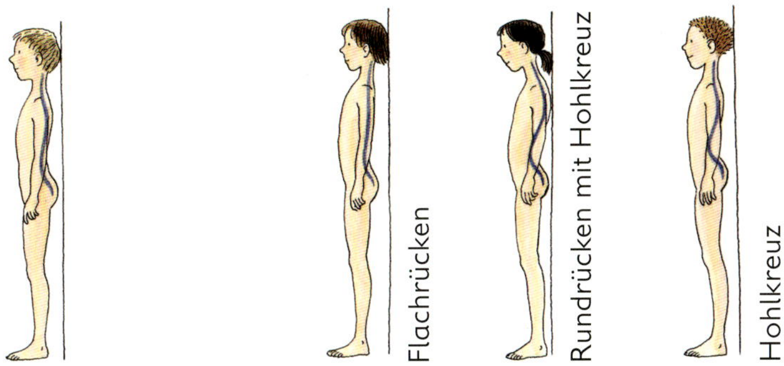

Die Wirbelsäule schonen

Darauf achtest du:

beim Sitzen — beim Tragen — beim Heben

INTERESSANT

Die Wirbelsäule hat fünf Abschnitte:

- Halswirbelsäule
- Brustwirbelsäule
- Lendenwirbelsäule
- Kreuzbein
- Steißbein

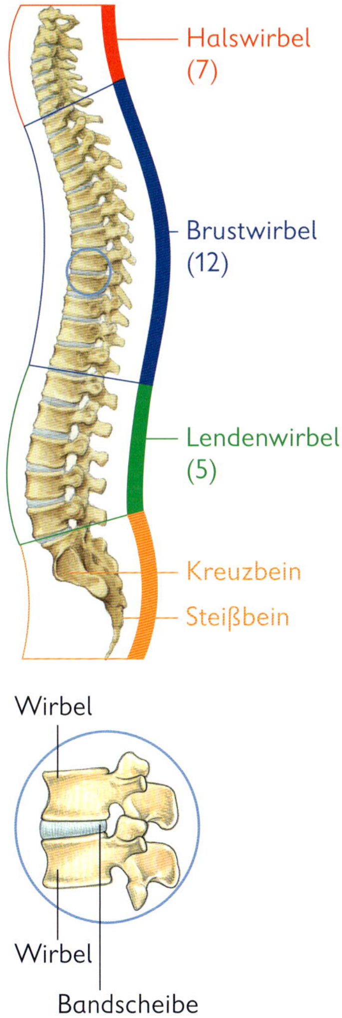

MITMACHEN UND NACHDENKEN

2 Schreibe einen Tag lang auf, wie lange du sitzt. Wann könntest du Sitzzeit einsparen?

3 Schreibe, male und klebe Bilder auf: „Meine Tipps zum Vermeiden von Haltungsschäden".

Bist du gestresst?

1 Luca hatte einen anstrengenden Tag.
Was hat er alles gemacht? Wie wird er sich fühlen?

Auch du hast manchmal anstrengende Tage.
Dein Körper spürt, wenn du zu viel machst. Dann warnt er dich.
Du solltest auf ihn hören, damit du gesund und fit bleibst.

In der Klasse fühlst du dich müde.
Du bekommst Kopfschmerzen.
Dein Körper sagt dir: Du hast zu wenig geschlafen.
Und im Klassenraum ist auch noch schlechte Luft.
Was tun? Gehe abends früher schlafen oder ruhe dich auch am Nachmittag kurz aus. Der Klassenraum muss gut gelüftet sein, damit du genug frische Luft zum Atmen bekommst.

Dein Mund und dein Hals sind trocken, die Zunge klebt am Gaumen. Du kannst dich nicht konzentrieren.
Dein Körper sagt dir: Durst.
Mineralwasser ist ein guter Durstlöscher. Es versorgt deinen Körper nicht nur mit Flüssigkeit, sondern auch mit vielen wertvollen Stoffen.
Dein Körper besteht über die Hälfte aus Wasser.
Ohne Wasser würden wir Menschen in wenigen Tagen sterben.
Deshalb solltest du immer genug trinken.

Regeln für einen verantwortungsbewussten Umgang mit sich selbst beachten: Stressbewältigung

Du bist lustlos und hast keinen Appetit.
Das kann ein Zeichen für **Stress** sein,
zum Beispiel vor einer Klassenarbeit.
Es hilft dir, wenn du dir die Zeit zum Lernen gut einteilst.
Plane: Was muss ich lernen, wiederholen und üben?
Wann und wie lange will ich täglich lernen?
Mit wem kann ich zusammen lernen?
Prüfe: Was kann ich, was kann ich noch nicht?
Wiederhole am Tag vor der Arbeit den Stoff
und gehe früh ins Bett.

Du hast feuchte Hände, dein Herz klopft
und dein Bauch tut weh. Du tobst umher,
suchst Streit und bist unzufrieden.
Auch das können Zeichen für Stress sein.
Du brauchst Ruhe und musst dich entspannen.

LEICHTER LERNEN

Entspanne dich

Das ist eine gute Methode:
- Du stellst dir ruhige Musik an, legst dich auf eine weiche Decke, schließt die Augen und machst eine Gedankenreise.
- Du wanderst in Gedanken zum Beispiel über eine Blumenwiese und stellst dir das Leben auf der Wiese vor: Pflanzen, Tiere, Gerüche, Farben, Geräusche …
  Du fühlst den Wind auf der Haut.
- Bleibe eine Weile still liegen. Dann recke und strecke dich, bis du wieder hellwach bist. Gehe raus an die frische Luft.

MITMACHEN UND NACHDENKEN

2 Beschreibe Situationen. Hast du dich schon einmal so gefühlt?
- Dein Kopf war leer und schwer.
- Dein Bauch war ganz hart und tat weh.
- Deine Hände waren kalt und feucht.
- Deine Beine waren weich und schwer.

Woran kann es gelegen haben?

3 Erzähle, was du tust, um dich wieder wohlzufühlen.

Drogen, nein danke! – ein Projekt

1 Diskutiert diese Meinungen.

2 Gestaltet zu den Bildern Rollenspiele.

Wie wirkt Nikotin?

Nikotin ist im Zigarettenrauch.
Es ist eines der stärksten Gifte
mit gefährlichen Nebenwirkungen:

- kalte Füße und Hände (Durchblutungsstörungen)
- graue Haut
- das Atmen fällt schwer (Atemnot, Asthma)
- man ist oft müde
- Nachlassen der Sehschärfe, Gefahr des Erblindens
- Einstellen lebensgefährlicher Erkrankungen

IM JUGENDSCHUTZGESETZ STEHT: DIE ABGABE VON TABAK UND ALKOHOL

Regeln für einen verantwortungsbewussten Umgang mit sich selbst beachten:
Drogen als gefährlich erkennen; im Rollenspiel das Selbstwertgefühl stärken

Wie wirkt Alkohol?

- Viele sagen, Alkohol macht gute Laune und beruhigt. Doch Alkohol ist ein Gift, er wirkt rasch: Wer viel davon trinkt, bewegt sich langsam, beginnt zu schwanken, stolpert oder stottert sogar. Er kann nicht mehr klar sehen und spürt kaum noch Schmerz oder Kälte. Manchem wird übel. Zu viel Alkohol vergiftet das Blut, man kann bewusstlos werden. Es besteht Lebensgefahr.
- Kinder werden durch Alkohol besonders stark geschädigt. Nicht nur Schnaps und Bier sind gefährlich, sondern auch Mixgetränke und Alkohol, der in Süßigkeiten wie Pralinen versteckt ist.
- Alkohol stört die Entwicklung des Kindes: das Denken, das Sprechen, die Beweglichkeit.
- Alkohol ist eine Droge. Man kann davon abhängig oder schwer krank werden.

3 Bearbeitet diese Aktionen in Gruppen.

1 **Werbung gegen Alkohol**
- eine Werbung für Alkohol suchen
- einen Werbespruch dagegen verfassen
- die Werbesprüche in der Klasse ausstellen

2 **Rollenspiel: „Ich kann ‚Nein' sagen"**
- „Nein" sagen, wenn Zigaretten angeboten werden
- „Nein" sagen zu Alkohol
- „Nein" sagen zu Tabletten bei Kopfschmerzen, andere Lösung suchen

3 **Plakate gegen Drogen gestalten**

AN JUGENDLICHE UNTER 18 JAHREN IST VERBOTEN!

Mit den Ohren kann ich hören

1 Lest den Text mit verteilten Rollen.
Alle zeigen auf die Teile des Ohres in der Abbildung.

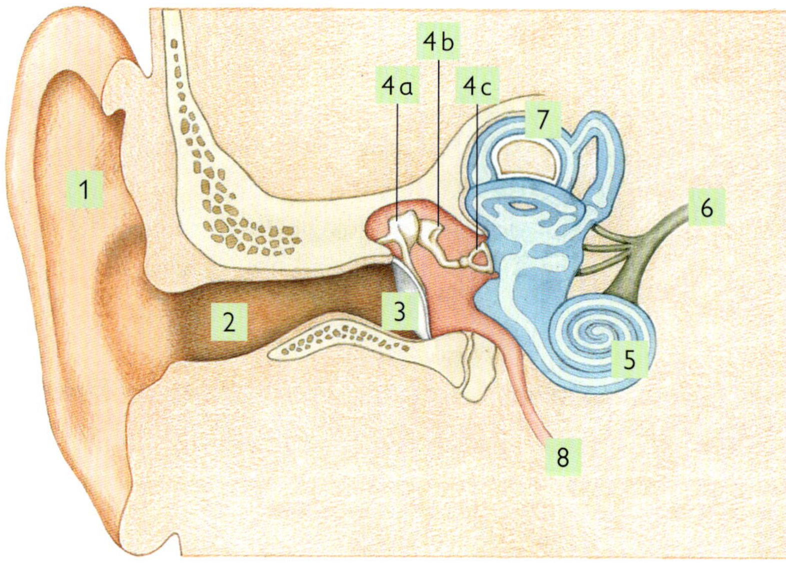

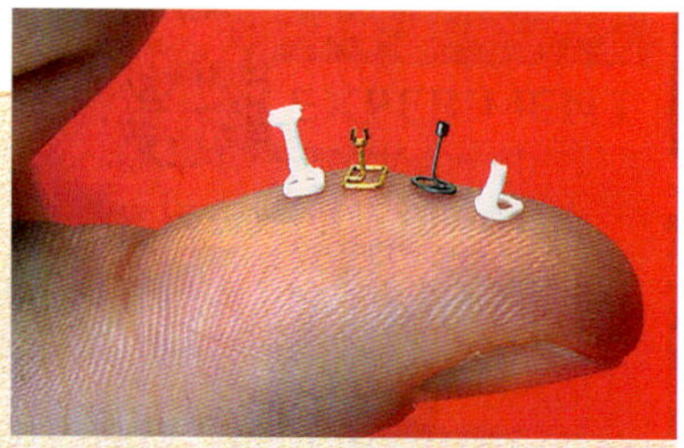

So klein sind Gehörknöchelchen.

1	Die Ohrmuschel	fängt Geräusche, Klänge, Töne oder einen Knall (Schall) auf. Sie ist aus Knorpel und elastisch.
2	Der Gehörgang	enthält Ohrenschmalz, das Schmutz und Staub bindet und so den Gehörgang sauber hält.
3	Das Trommelfell	ist eine dünne Haut. Wenn Schall auf diese Haut drückt, beginnt sie zu schwingen.
4	Drei Gehörknöchelchen	Hammer (4a), Amboss (4b) und Steigbügel (4c) leiten Schwingungen des Trommelfells weiter.
5	Die Schnecke	ist das eigentliche Hörorgan. Im knöchernen Teil sitzt der Hörnerv, der die Schwingungen auffängt.
6	Der Hörnerv	überträgt Reize vom Ohr zum Gehirn, du reagierst: Du stellst Musik leiser, die dich stört, oder bringst deinen Körper wieder ins Gleichgewicht.
7	Das Gleichgewichtsorgan	hilft dir, das Gleichgewicht zu finden, nachdem du dich schnell gedreht hast oder der Fahrer im Auto plötzlich die Fahrt beschleunigt hat.
8	Die Ohrtrompete	verbindet das Mittelohr mit dem Nasenraum. So kannst du Druck im **Ohr** durch Schlucken oder Gähnen ausgleichen: in einem startenden Flugzeug oder unter Wasser.

Was die Ohrmuschel kann

EXPERIMENT

Ihr braucht:
einen Wecker, Stift und Papier,
ein Hörrohr, aus A4-Blatt gedreht

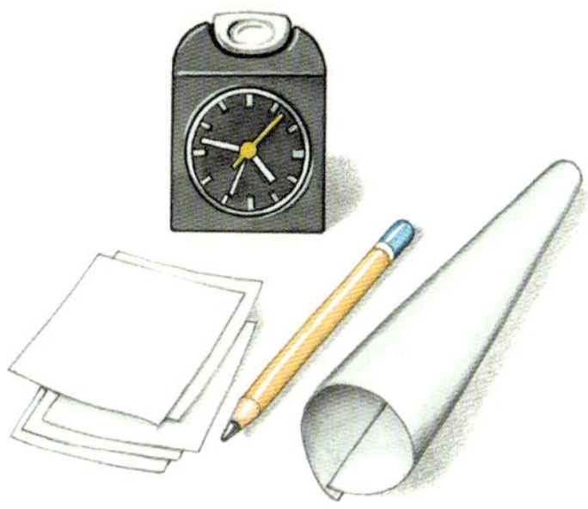

Geht so vor:
Hört auf das Ticken des Weckers.

- Drückt die Ohren mit den Zeigefingern nach vorn und nach hinten an den Kopf.
- Legt die Hände hinter die Ohren.
- Legt die Hände vor die Ohren, dreht die Handflächen den Ohrmuscheln zu.

- Richtet ein Ohr zum Wecker, legt das Hörrohr an die Ohrmuschel.

Notiert Lautstärke und Richtung, aus der die Geräusche kommen.
Findet eine Erklärung.

Wie das Trommelfell arbeitet

EXPERIMENT

Du brauchst:
Plastikbecher,
Schere,
Gummiring,
Luftballon,
Kümmelkörner

Gehe so vor:

- Stich ein Loch in den Becher.
- Spanne mit Gummiringen ein Stück Luftballon über die Öffnung.

- Lege Kümmelkörner auf die Luftballonhaut („Trommelfell“).
- Forme mit der Hand ein Sprachrohr und sprich in das Loch.

Was beobachtest du? Erkläre.

MITMACHEN UND NACHDENKEN

2 Beschreibe den Hörvorgang.

3 Untersucht, wie es in verschiedenen Räumen klingt.

- Geht in Räume der Schule, in einen Keller, in eine Kirche, unter eine Brücke …
- Erzeugt Geräusche. Erzählt von euren Höreindrücken. Vergleicht sie.

HALL
Echo
laut
leise
deutlich
undeutlich

Nicht hören können

1 Lies, was Jonas erzählt.
Wie verständigen sich Kinder, die nicht hören können?

Ich heiße Jonas und bin gehörlos. Mir geht es meist gut, aber nicht immer. Um mich ist alles still.
Manchmal bin ich traurig, dass ich Musik oder die Stimmen von Mama und Papa oder meinem Bruder Paul nicht hören kann.
Sie reden mit mir, aber ich verstehe nicht alles.
Im Kindergarten habe ich die Gebärdensprache gelernt, aber nur Mama kann so mit mir reden. Langsam lerne ich, auch Wörter von den Lippen abzulesen.
Mein Freund und ich werden oft angestarrt oder nachgeäfft, wenn wir uns mit Gebärden unterhalten. Das ärgert mich.
Ich wünsche mir, dass mehr Leute, die hören können, diese Sprache lernen. Und ich wünsche mir, dass Filme im Fernsehen oder im Kino mit Untertiteln gezeigt werden.

Gebärdensprache

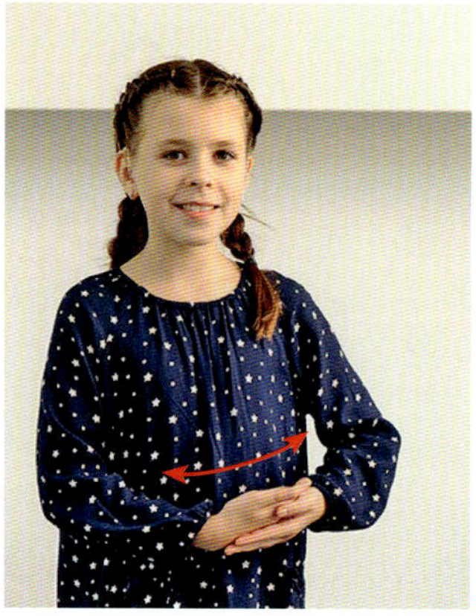
Baby

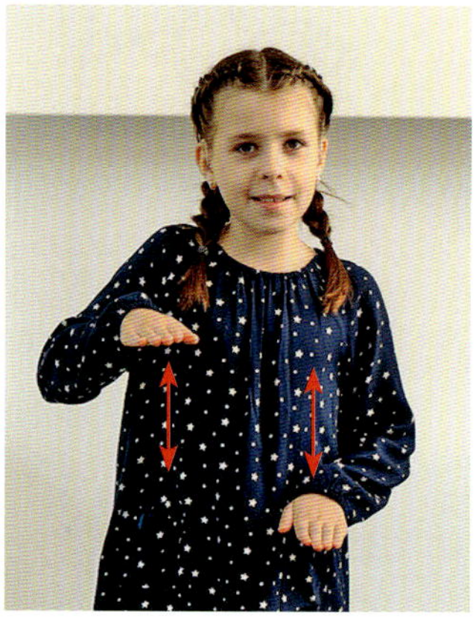
Ente

singen

kochen

Die **Gebärdensprache** ist eine Sprache aus Zeichen. Für die Sprache werden Gebärden kombiniert: Man bewegt das Gesicht (Mimik), die Hände, die Arme und manchmal den gesamten Körper. Auch der Mund wird bewegt. In Deutschland leben etwa 60 000 Gehörlose. Für sie gibt es zwar im Fernsehen schon Sendungen mit Gebärdensprache oder mit Untertiteln, aber noch zu wenige. Meist sind es Nachrichtensendungen.

Verständnis für Schwerhörigkeit und Gehörlosigkeit zeigen, Gebärdensprache als eigenständige Sprache respektieren

Für manche Wörter gibt es keine Gebärdenzeichen. **Gehörlose** erlernen deshalb auch das Fingeralphabet. So können sie Wörter buchstabieren.

Das internationale Fingeralphabet

Was könnte auf dem Zettel stehen?

MITMACHEN UND NACHDENKEN

2 Welche Fragen habt ihr zum Thema? Notiert sie und sprecht darüber.

3 Erfindet Gebärden: für „ich“, „du“ …

4 Buchstabiere mit den Fingern deinen Namen oder deinen Wohnort.

5 Lest die Geschichten unten. Versucht, sie mit Gebärden zu erzählen. Was stellt ihr als Vortragende und als Zuschauer fest?

Heute scheint die Sonne heiß.
Lea und ihre Freundin
kaufen sich ein großes Eis.
Es schmeckt nach
Himbeeren und Schokolade.

Vor der Tür lag etwas Seltsames.
Es sah aus wie ein Wollknäuel
mit Ohren. Es schnurrte leise,
fühlte sich nass an und roch
ein bisschen nach Fisch.
Was war es wohl?

Luis und Ben sehen auf dem Schulweg einen kleinen Hund.
Sie wollen ihn in die Schule locken.
Doch der Hund hört einfach nicht auf sie.

Erste Hilfe

1 Wähle Aufgaben aus. Forsche nach.

1 Der Erste-Hilfe-Koffer

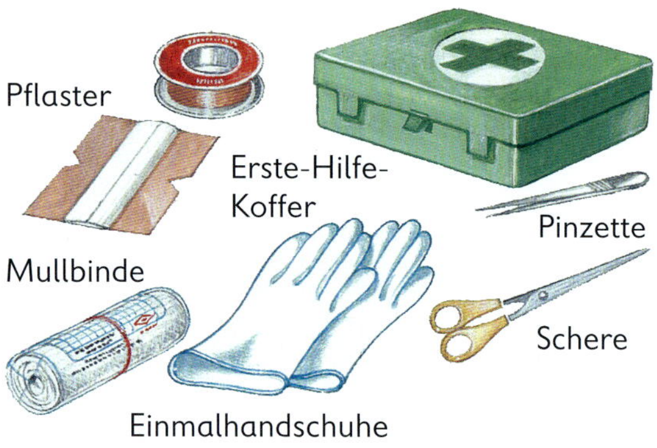

Wofür werden die Materialien gebraucht?

2 Hilfe holen bei Brand und Unfall – aber wie?

So machst du es richtig:

- Ruhe bewahren
- Erwachsene herbeiholen
- Notruf wählen

Schreibe auf einen Merkzettel, welche Notrufnummern du wählen kannst. Notiere, was du bei einem Notruf sagst.

Probiert den Notruf als Rollenspiel.

3 Selbst bei kleinen Verletzungen helfen – aber wie?

A Schnitt- und Schürfwunden

a) nur mit sauberen Händen versorgen
b) Wunde an der „Luft“ heilen lassen
c) nicht berühren, mit Pflaster oder einem Mullverband bedecken

B Verbrennung oder Verbrühung

a) verbrannte oder verbrühte Stelle sofort unter kühles Wasser halten
b) keimfrei verbinden
c) Eis auf die Stelle legen

C Nasenbluten

a) den Kopf nach vorn beugen
b) Papiertaschentuch in das blutende Nasenloch stecken
c) kalte Umschläge in den Nacken legen

D Sonnenbrand

a) Tuch mit Essig tränken und auflegen
b) mit feuchtem Tuch kühlen
c) an einen kühlen Ort gehen

E Insektenstiche

a) kühlen, Zwiebelscheiben auflegen
b) mit kaltem Wasser kühlen
c) ein Heizkissen auflegen

Schreibt die richtigen Lösungen auf.
Informiert euch weiter über die richtige Behandlung.

Verhaltensregeln in Notsituationen beschreiben; einfache Maßnahmen der Ersten Hilfe anwenden; Informationen zielgerichtet auswählen und beurteilen

AH S.14/15

Wir lernen Räume kennen

Was möchte ich über meine Heimat wissen?

Das Foto beschreiben; Zusammenhänge zwischen der Frage und der unteren Abbildung herstellen

S. 10/11

Kleine Pläne – große Pläne

1 Erklärt die Schritte vom Schulmodell zum Plan.

Die Schule von allen Seiten

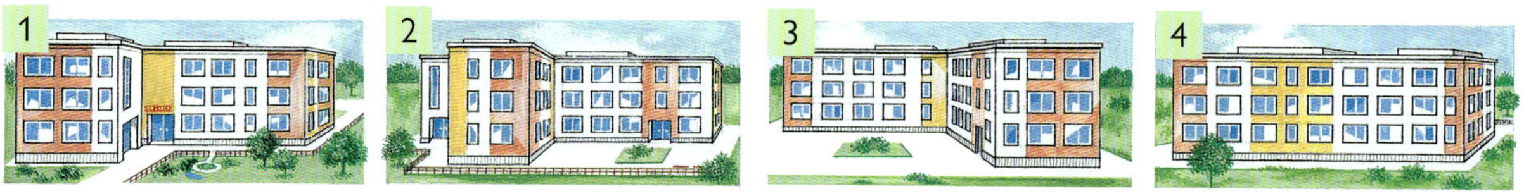

Das Modell der Schule

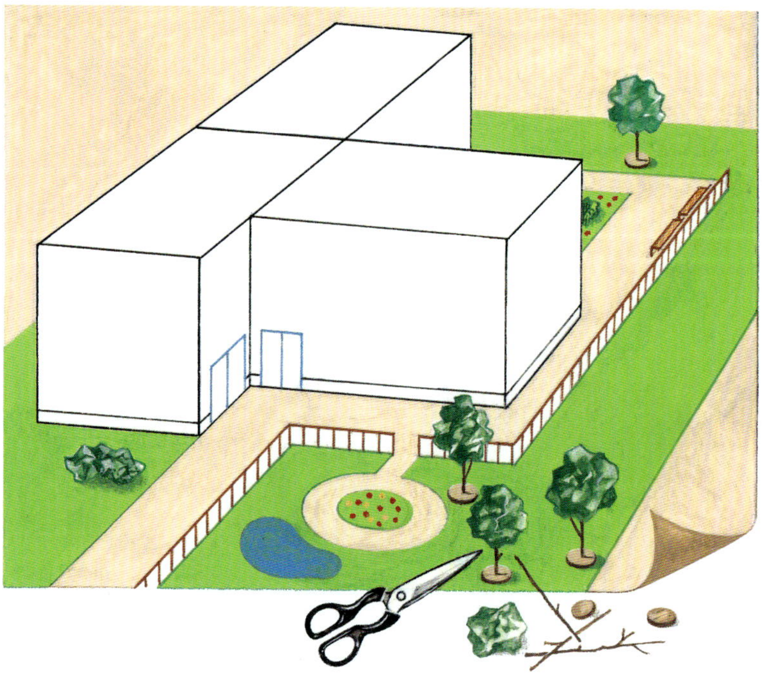

Beachtet:

- Im Modell wird die Wirklichkeit verkleinert und vereinfacht dargestellt: Häuser, Wege, Plätze …
- Alles ist so angelegt, wie es auf dem Schulgelände zu sehen ist.
- Wird das Modell mit einem Stift umfahren und dann von der Unterlage entfernt, sind auf dem Papier Grundrisse zu sehen: von der Schule, von den Bäumen und Wegen … Ein Plan ist entstanden.
- Der farbige Plan erhält eine Legende. So ist der Plan „lesbar". Die Legende erklärt die Bedeutung der Farben, Linien und Zeichen.

Der Plan der Schule

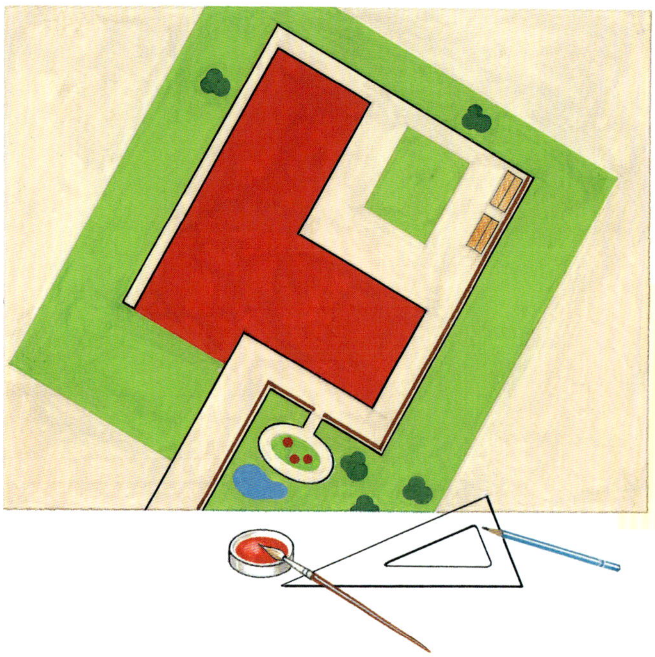

Legende

Gebäude	Weg
Grünanlage	Zaun
Beet	Bank
Baum	Teich

Mit Hilfe von Modellen einen Plan entwickeln und als geordnete Darstellung der Wirklichkeit verstehen; Bedeutung und Inhalt der Legende erklären

Ein Ortsplan

Ein Ortsplan zeigt Straßen, Gebäude, Plätze und Parks eines Ortes. Sie sind als vereinfachte und verkleinerte Grundrisse dargestellt.
Zu jedem Plan gehört eine Übersicht, die alle Zeichen und Farben erklärt. Die Übersicht nennt man „Legende“.

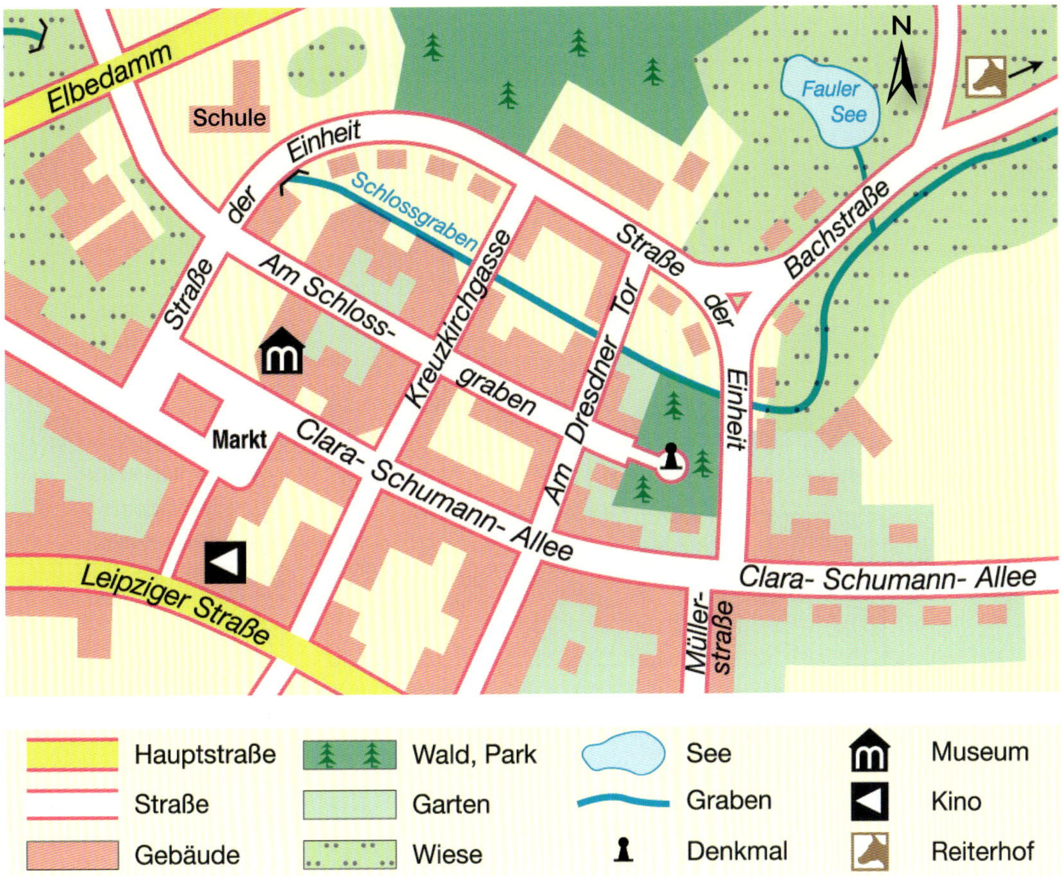

Mit einem Ortsplan kannst du dich über einen Ort informieren, auch wenn du noch nie dort warst.

MITMACHEN UND NACHDENKEN

2 Findet auf dem Plan die Schule und das Denkmal.

3 Stellt euch weitere Fragen zum Ortsplan:
Wo ist … ? Wie komme ich … ?

Mit Karten umgehen

Einen Stadtplan nennt man auch thematische Karte, weil sie sich auf ein bestimmtes Thema bezieht. Das Thema heißt hier „Erfurt“.

Mit einer solchen Karte kannst du dich in einer Stadt orientieren.

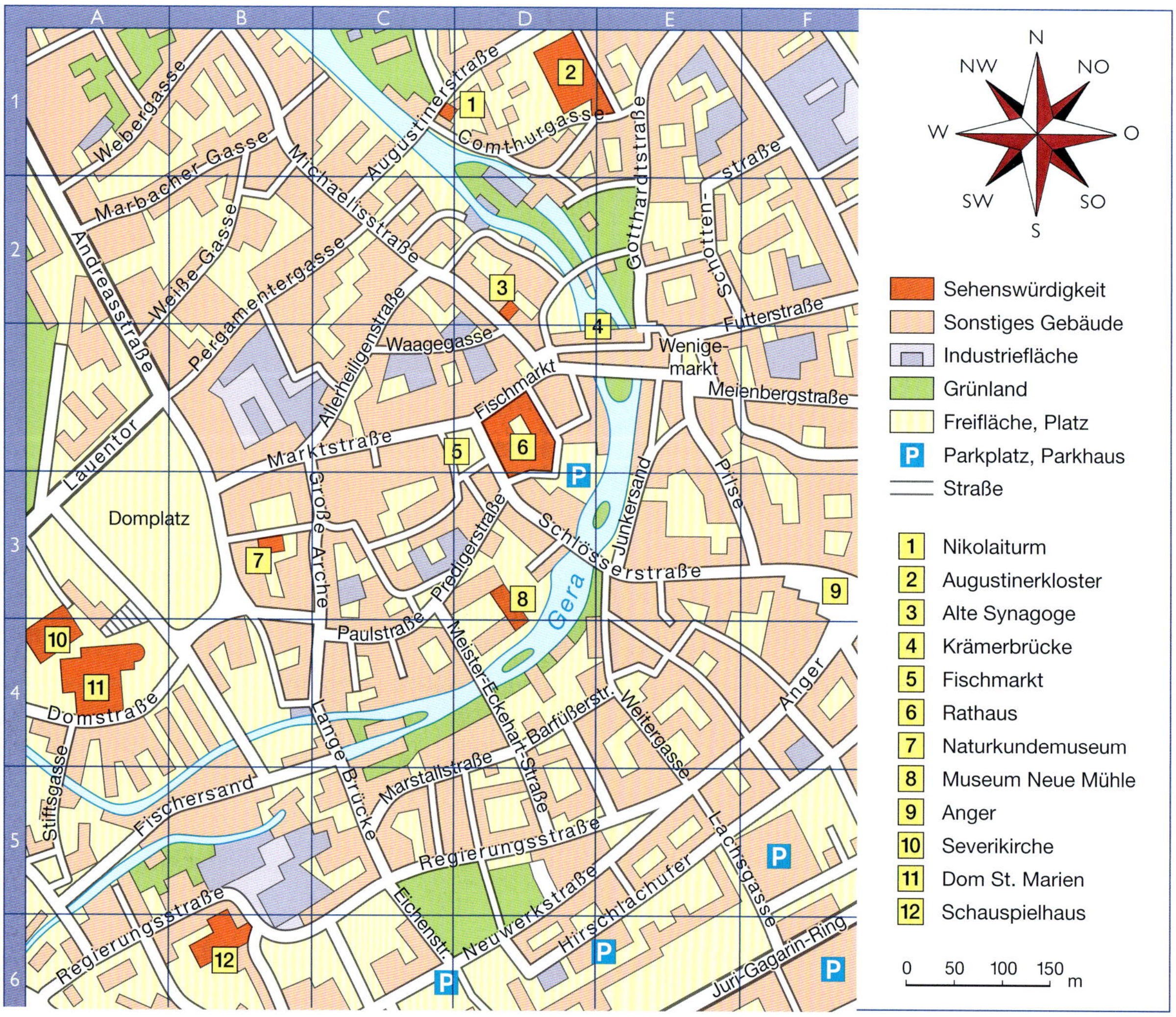

1 Arbeitet in Partnerarbeit mit diesem Plan. Notiert eure Ergebnisse.

- Welcher Fluss fließt durch Erfurt?
- Findet auf dem Plan den Dom, die Krämerbrücke und eine andere Sehenswürdigkeit.
  Beschreibt deren Lage in der Stadt.
- Nennt drei Straßen und Plätze, an denen Sehenswürdigkeiten liegen, zum Beispiel: An der Domstraße befindet sich …
- Jeder beschreibt einen Weg durch das Erfurter Zentrum.
  Wähle den Start und das Ziel aus.
  Finde den kürzesten Fußweg zwischen Ausgangspunkt und Ziel.

Thematische Karten gibt es zu vielen Themen.
Sie helfen, sich in der Umgebung zurechtzufinden.
Thematische Karten liefern uns je nach ihrem Thema unterschiedliche Informationen:

Wanderkarte

In einer Wanderkarte sind Wanderwege und interessante Ausflugsziele eingezeichnet.

Straßenkarte

Mit einer Straßenkarte informieren sich Autofahrer über den Verlauf der Straßen.

Übersichtskarte (physische Karte)

Eine physische Karte zeigt Berge und flaches Land, aber auch Flüsse und Seen.
Auf der Karte erkennt man die Lage von Orten, aber auch Verkehrswege wie Straßen und Bahnstrecken und auch Grenzen zu anderen Gebieten.

Von der Wirklichkeit zur Übersichtskarte

1 Beschreibe die Fotos. Lies dann die Texte.

Eine Ebene ist ein weites, flaches Gebiet. Dort gibt es keine Berge und keine Hügel. Man kann weit in das Land schauen.

Ein Hügel erhebt sich nur wenig über seine Umgebung. Hügel sind nicht höher als 200 m. Sie haben abgerundete Kuppen. Die Hänge sind häufig flach und lang gezogen. Oft liegen mehrere Hügel hintereinander wie eine Kette. Landschaften mit Ebenen und Hügeln nennt man Tiefland.

Ein Berg überragt seine Umgebung. Berge können über 1000 m hoch sein. Manche Berghänge fallen steil ab. In den Tälern zwischen den Bergen fließen oft Bäche und Flüsse. Manchmal füllen kleine Seen die Täler. Mehrere Berge und Täler oder eine Kette von mehreren Bergen nennt man Gebirge.

Sich im Raum orientieren lernen, Landschaften benennen, wiedererkennen; seinen Lebensraum mit den Landschaften wertschätzen, die Schönheiten der Region annehmen

Flache Karten zeigen hohe Berge

1

Das ist eine Landschaft mit Berg und Tal. Es sind kleine Häuser, Wiesen, Felder und Bäume zu sehen. Ein Fluss fließt in einen See.

2

So kann man die Landschaft mit Höhenlinien und Höhenschichten vereinfacht darstellen. Jede Höhenschicht hat eine andere Farbe.

3

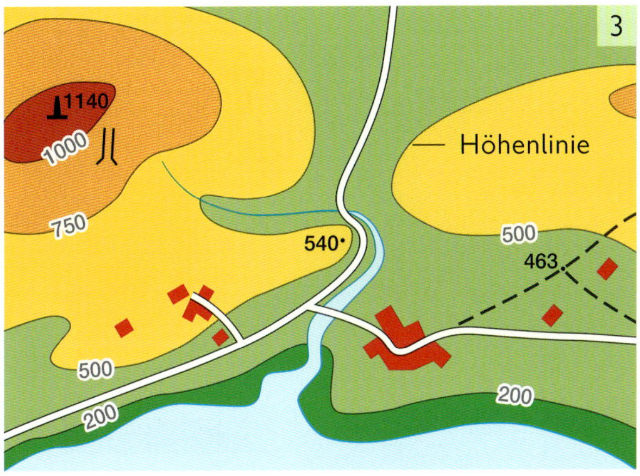

Von oben betrachtet sehen die Höhenschichten wie farbige Flächen aus. Hier sind Höhenlinien und Höhenschichten auf einer Karte dargestellt.

4

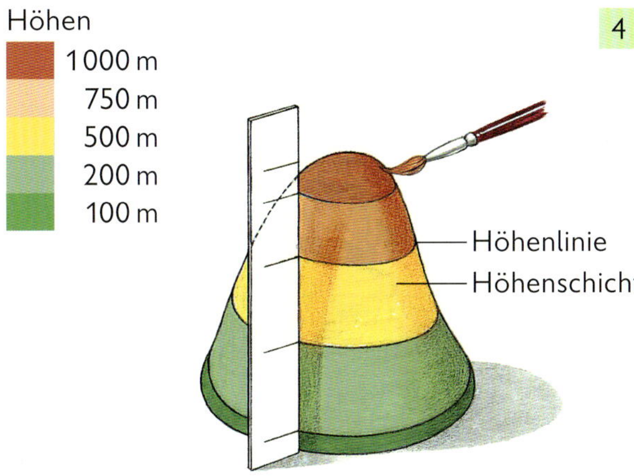

So kann euer Modell des Berges von der Seite aussehen. Höhenlinien sind eingezeichnet. Jede Höhenschicht hat eine andere Farbe.

MITMACHEN UND NACHDENKEN

2 Baut das Modell eines Berges.

Ihr braucht: Styropor, eine Schablone aus Pappe, eine Schere, ein Messer, Farben, einen Bleistift, einen Pinsel, ein Glas mit Wasser.

Geht so vor: Markiert die Höhenlinien. Malt die Höhenschichten wie in der Abbildung mit Farben aus.

3 Stellt den Berg als farbige Fläche dar.

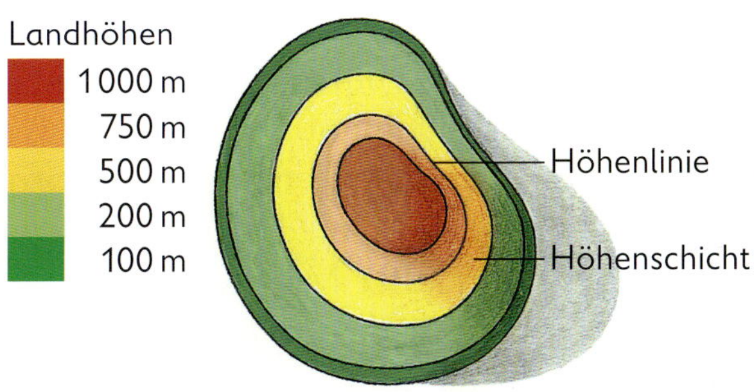

Tipps zum Umgang mit Karten

Diese Übersichtskarte (physische Karte) zeigt
die Höhenlage der **Landschaft** von Thüringen mit farbigen Flächen.
Jede Höhenschicht hat eine andere Farbe.

1 Lies die Karte. Nutze die Legende und die Tipps.

Höhenstufen in Thüringen

Tipp 1: Die Legende der Karte lesen

Schau dir jedes Zeichen und die Erklärung dafür an.
Suche die Zeichen auf der Karte.
So kannst du die Karte Stück für Stück „lesen“.

Tipp 2: Entfernungen auf der Karte bestimmen

Dazu nutzt du einen Faden. Lege den Faden
vom Startpunkt bis zum Zielpunkt.
Dort schneidest du ihn ab.
Achte darauf, Kurven mit dem Faden sorgfältig auszulegen.
Miss mit dem Lineal die Länge des Fadens.
Errechne dann mit der Maßstabsleiste
0 25 50 km die Entfernung.

1 cm Fadenlänge
entspricht hier knapp 18 km
auf der Karte.

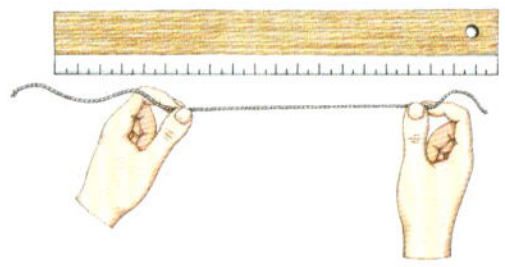

Sich im Raum orientieren lernen: Karten lesen, mit Legende und Maßstab arbeiten;
Höhenschichten auf Karten deuten und lesen

S. 12/13

Tipp 3: Die Karte einnorden

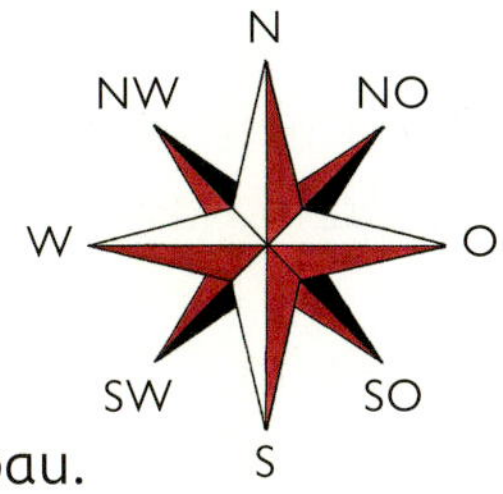

Auf einer Karte zeigt die Nordrichtung immer zum oberen Rand.
Um die Karte im Gelände auszurichten, benutzt du einen **Kompass**.
Bei der Bestimmung der Himmelsrichtungen helfen auch der Sonnenstand, eine Armbanduhr, Bäume und sogar ein Ameisenbau.

So kannst du die Karte einordnen.

den Kompass an den Rand der Karte legen.

die Karte drehen, bis N auf der Skala zum Richtungspfeil zeigt

So kannst du ohne Kompass Himmelsrichtungen bestimmen.

Tagbogen der Sonne:
morgens: Osten
mittags: Süden
abends: Westen

Wald:
Westseite: an Bäumen oft Moos
Südseite: oft Ameisenhaufen an Bäumen

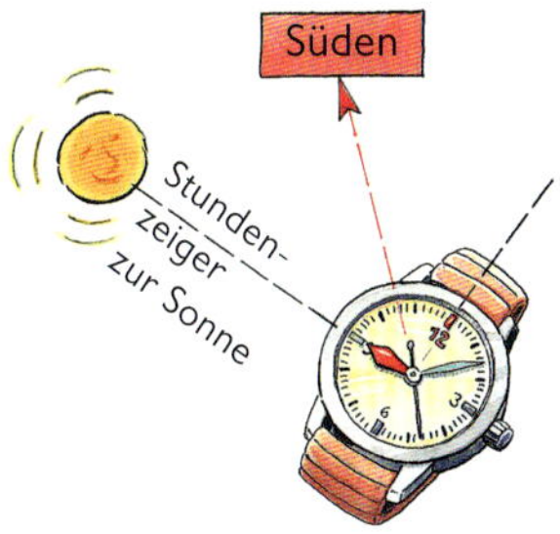

Zeigeruhr:
Süden: liegt zwischen Stundenzeiger und 12

LEICHTER LERNEN

Sachen ausprobieren

Probiere aus, wie Sachen funktionieren, zum Beispiel ein Kompass. Dann kannst du die Funktion gut verstehen und auch erklären.

MITMACHEN UND NACHDENKEN

2 Wie sieht die Landschaft aus, in der du wohnst?
Benutze zur Beschreibung auch die Karte.

3 Vergleiche die Karte auf dieser Seite mit der im hinteren Umschlag.
Welche Gemeinsamkeiten erkennst du?
Welche Unterschiede fallen dir auf?

Nutzung des Kompasses beschreiben, Karte einnorden;
Haupt- und Nebenhimmelsrichtungen bestimmen; weitere Orientierungshilfen kennen lernen

Unser Heimatkreis

Eine Karte, die die **Grenzen** zu anderen Gebieten zeigt und Verwaltungssitze nennt, heißt politische Karte.

Kreise in Thüringen

1 Löst folgende Aufgaben.

- Wie viele Landkreise hat Thüringen?
- In welchem Landkreis oder in welcher kreisfreien Stadt wohnst du?
- Wie heißen die kreisfreien Städte?
- Wie heißen die Nachbarkreise, die an deinen Heimatkreis grenzen?
- Welche große Stadt liegt in der Nähe deines Heimatortes?
- Wie heißt der kleinste Kreis in Thüringen?

Landesgrenze
Kreisgrenze
Kreisfreie Stadt
Landkreis
Kreisstadt

① Landeshauptstadt Erfurt
② Eisenach
③ Weimar
④ Jena
⑤ Gera
⑥ Suhl

0 20 40 km

MITMACHEN UND NACHDENKEN

2 Sammelt Bilder von eurem Heimatkreis oder eurer Heimatstadt.

3 Gestaltet eine Bilder-Ausstellung zu eurem Heimatkreis.

4 Zeichne den Umriss deines Kreises auf ein DIN-A4-Blatt. Gestalte eine thematische Karte zu deinem Heimatkreis. Nutze den Heimatatlas und diese Tipps.

Verkehrskarte

Zeichne und benenne

- Eisenbahnlinie
- Autobahn mit Auffahrt
- Bundesstraße
- Ort

Gewässerkarte

Zeichne und benenne

- Fluss
- Kanal
- See
- Stausee
- Ort

Landhöhenkarte

Zeichne und benenne

Höhenstufen

- 750 m – 1000 m
- 500 m – 750 m
- 300 m – 500 m
- 200 m – 300 m
- 150 m – 200 m
- 100 m – 150 m
- unter 100 m

Ort

Landschaftskarte

Zeichne und benenne

- Campingplatz
- Wald
- Acker
- Wiesen und Weiden

INTERESSANT

Die älteste Karte der Welt ist rund 9 000 Jahre alt. Sie wurde 1963 in der Nähe der Stadt Çatalhöyük (Anatolien/Türkei) in einer Höhle entdeckt. Die Karte zeigt ein drei Meter breites Muster. Es sieht wie ein Stadtplan aus.

Die Wirtschaft des Heimatkreises erkunden

In deinem Ort und deinem Heimatkreis leben viele Menschen.
Hier arbeiten sie und kaufen ein. Sie fahren mit dem Bus oder der Bahn.
Sie besuchen Kinos, Gaststätten oder eine Sportanlage.
Alle Arbeitsstätten, wie Industriebetriebe, Betriebe der Handwerker oder Landwirte sowie Geschäfte bilden die Wirtschaft deines Heimatkreises.

1 Diskutiert: Was gehört in deinem Heimatort zur Wirtschaft?

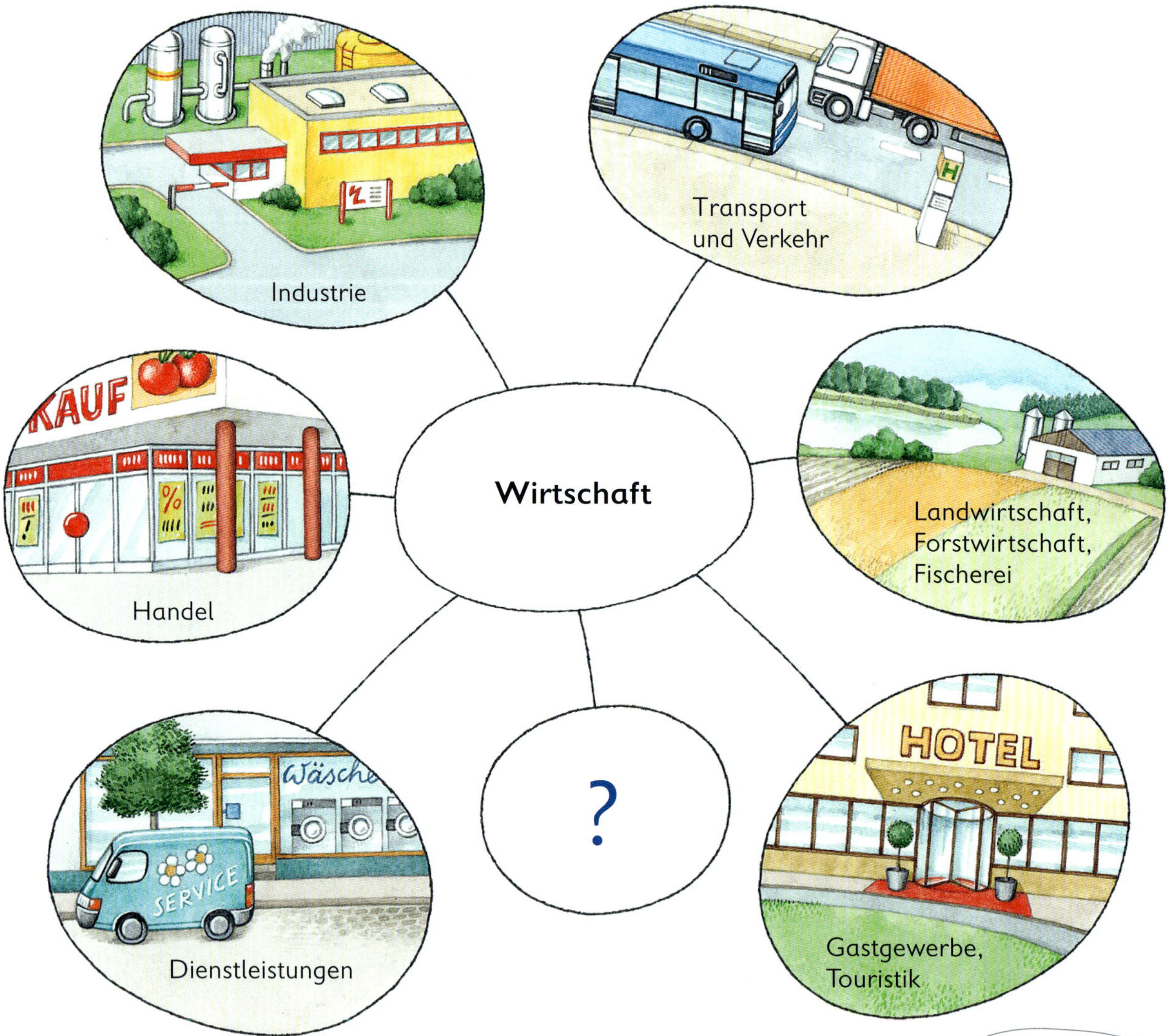

2 Sammelt Informationen über die Wirtschaft eures Heimatkreises.
Stellt folgende Angaben zusammen:

- Name und Adresse des Betriebes
- Was wird dort hergestellt?
- Oder: Welche Dienstleistung wird erbracht?

Die Wirtschaft der Region und deren Bedeutung vorstellen und erklären;
Verflechtungen mit anderen Regionen erkennen; Informationen auswählen, erschließen, erörtern

S. 10/11

Die Lage von Betrieben könnt ihr in einer Wirtschaftskarte des Heimatkreises übersichtlich darstellen.

Dazu einige Tipps:
- Nutzt für die Wirtschaftskarte eine Umrisskarte eures Kreises. Zeichnet größere Orte, wichtige Straßen und Flüsse ein.
- Sortiert die Betriebe nach Industrie – Landwirtschaft – Dienstleistung.
- Wählt nur die wichtigsten Standorte aus, damit die Karte übersichtlich bleibt.
- Nutzt für die verschiedenen Betriebe unterschiedliche Zeichen. Erklärt sie in der Legende.

Wichtige Betriebe in unserem Kreis

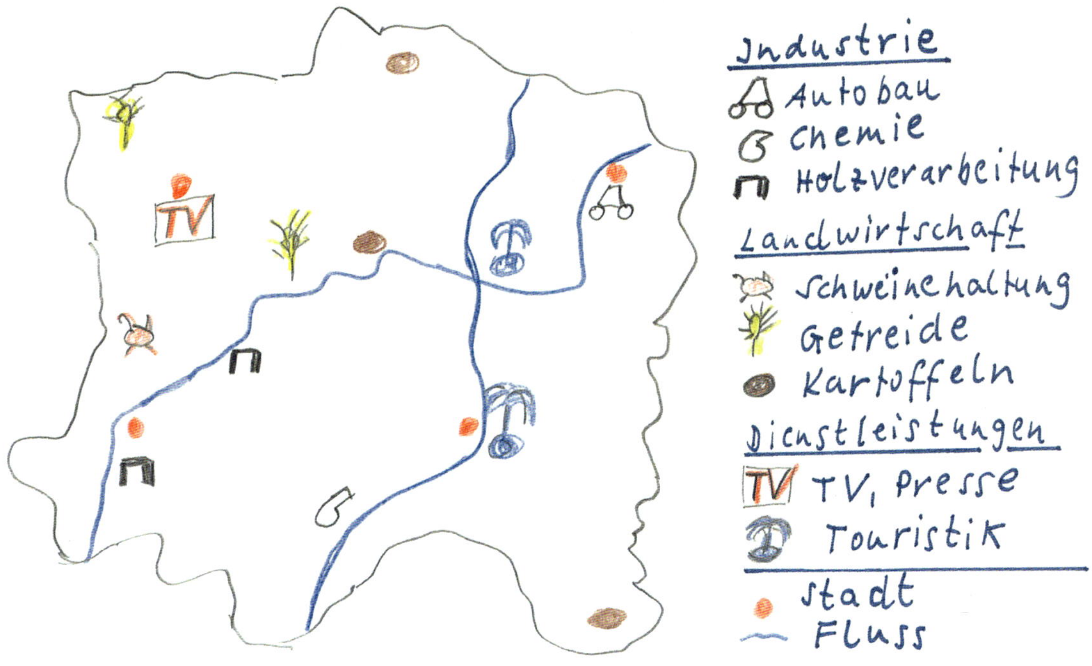

MITMACHEN UND NACHDENKEN

3 Gestaltet gemeinsam eine Karte zur Wirtschaft eures Heimatkreises.

4 Dinge werden auf der Straße, auf der Schiene, durch die Luft oder auf dem Wasser von einem Ort zum anderen Ort transportiert. Welche Autobahnen, große Straßen oder Flüsse/Kanäle führen durch euren Kreis oder eure Stadt. Erstellt eine Tabelle:

Autobahn/große Straßen	Bahnstrecken von … nach	wichtige Flüsse/Kanäle

Fahrräder heute und früher

1 Fahrräder müssen im Straßenverkehr betriebssicher und verkehrssicher sein. Nenne die Teile, die an einem verkehrssicheren Fahrrad nicht fehlen dürfen.

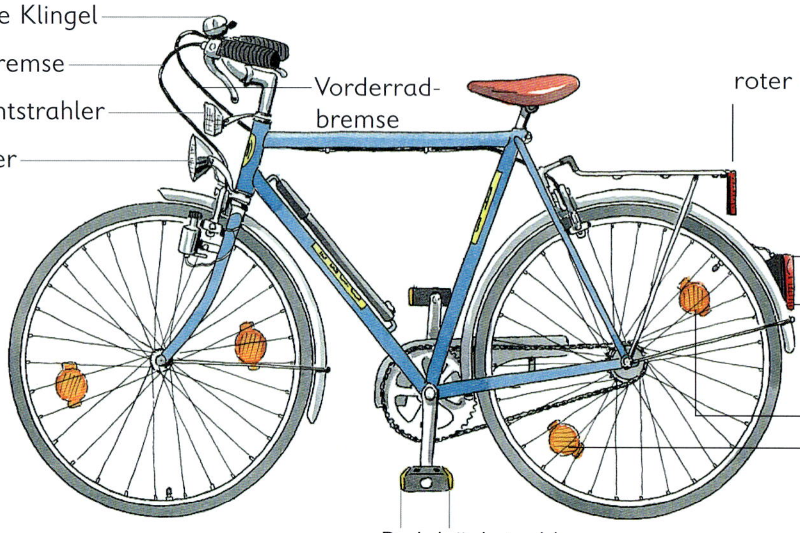

Nur wenn alle Teile an deinem Fahrrad funktionieren, ist es auch betriebssicher.

2 Prüfe, ob dein Fahrrad verkehrssicher und betriebssicher ist.

Der Bremshebel darf auch bei starkem Bremsen nicht den Lenkergriff berühren. Er darf sich auch nicht zu leicht bewegen.

Die Kette muss straff gespannt sein, sonst kann sie abspringen.

Die Reifen fest aufpumpen. Sie müssen genug Profil haben.

Sattel und Lenker sind richtig eingestellt, wenn deine Füße beim Absteigen den Boden gerade noch berühren.
Alle Schrauben müssen fest angezogen sein.

Ein verkehrs- und betriebssicheres Fahrrad beschreiben, das eigene Fahrrad überprüfen; beim Radfahren vorausschauende Schutzmaßnahmen berücksichtigen

AH S.30/31

Fahrräder gibt es schon seit 200 Jahren:

1817
Laufrad

1 Das erste Fahrrad war ein Laufrad. Um vorwärts zu kommen, stieß man sich mit den Füßen vom Boden ab. Das Rad wurde von Karl Drais erfunden. Es heißt Draisine.
Es bestand fast nur aus Holz und hatte weder Bremsen noch Pedale.

2 Etwa 50 Jahre später erfand man Pedale und schraubte sie an das Vorderrad. Eine Tretkurbel drehte nun das Vorderrad.
Aus dem Laufrad wurde das Tretkurbelrad.

um 1865
Tretkurbelrad

um 1870
Hochrad

3 James Starley entwickelte ein Hochrad mit Vollgummireifen, Speichen und Bremsen. Es fuhr schneller, doch das Auf- und Absteigen war schwierig, auch Stürze aus dieser Höhe waren sehr gefährlich.

4 Nach der Erfindung des Kettenantriebs wurden zwischen Vorder- und Hinterrad Pedale angebracht. Wenn der Fahrer die Pedale trat, übertrug eine Kette den Antrieb auf das Hinterrad. Auf diesem Niederrad konnte man mit den Füßen leicht den Boden erreichen.

um 1880
Niederrad

5 Dann erfand man Luftreifen und Rücktrittbremse. Das Fahrrad trat weltweit seinen Siegeszug an.

nach 1888

Aussehen und Technik der Fahrräder werden heute ständig verändert.
Sie dienen als Verkehrsmittel.

MITMACHEN UND NACHDENKEN

3 Stelle dar, wie sich die Fahrräder technisch immer weiter entwickelt haben.
Gestalte ein Lapbook mit Informationen zu den verschiedenen Fahrradtypen: Rennrad, Mountainbike, Elektrofahrrad …

Entwicklungsgeschichte des Fahrrades lesen; erkennen, dass sich die Technik stetig weiterentwickelt

S. 6/7

Rad fahren

1 Mit dem Rad fahren – was muss ich wissen?

Auf der Straße sind Radfahrer und Fußgänger auch Verkehrsteilnehmer. Deshalb müssen sie Verkehrsregeln, Vorschriften und Verkehrszeichen kennen und beachten. So schützen sie sich und andere vor Gefahren.

Die wichtigste Regel für alle:

„Die Teilnahme am Straßenverkehr erfordert ständige Vorsicht und gegenseitige Rücksicht. Jeder Verkehrsteilnehmer hat sich so zu verhalten, dass kein anderer geschädigt, gefährdet oder mehr als vermeidbar behindert oder belästigt wird.“

- Diese Regel ist aus der Straßenverkehrsordnung (StVO) §1. Finde die StVO im Internet.

Achtung, Radfahrer!

- Kinder bis 8 Jahre müssen mit ihrem Fahrrad Gehwege benutzen. Kinder bis 10 Jahre dürfen Gehwege benutzen.
- Radfahrer müssen einzeln hintereinander fahren.
- Die Fußgängerzone ist kein Radweg!
- Radfahrer müssen alle Verkehrszeichen beachten, auch Ampeln und Markierungen auf der Fahrbahn.
- Welche Regeln sind noch zu beachten? Erstellt eine Liste.

Wichtige Verkehrszeichen kennen und beachten

Vorschriftzeichen

Radweg

Gemeinsamer Fuß- und Radweg

Getrennter Rad- und Fußweg

Verbot für Radverkehr

Halt. Vorfahrt gewähren!

Gefahrzeichen

Gefahrstelle

Arbeitsstelle

Einseitig verengte Fahrbahn

Unebene Fahrbahn

Fußgänger

Wichtige Verkehrsregeln der StVO kennen, um als Radfahrer am Straßenverkehr teilnehmen zu können; Einhaltung von Rechten und Pflichten im Straßenverkehr einschätzen **AH** S. 30–33

2 Mit dem Rad fahren – was muss ich können?

Übt im **Verkehrsgarten** oder in einem anderen sicheren Gelände.
Jede Übung wird bewertet:

Zügig anfahren, ohne zu wackeln

Sicher geradeaus fahren

Zeichnet eine etwa 80 cm breite und etwa 3 m lange Gasse.
Jeder fährt zügig an und bleibt in der Gasse.

Nach hinten sehen, dabei geradeaus weiterfahren

Schulterblick

Schaut beim Durchfahren der Gasse nach hinten. Dort wird ein Schild hochgehalten. Was steht darauf?

Sicher mit einer Hand fahren

Mit einer Hand fahren

Fahrt durch die Gasse: einmal nur mit der rechten und einmal nur mit der linken Hand am Lenker.

Bei Gefahr stark bremsen, ohne zu stürzen

Stark bremsen

Stellt einen Kegel auf. Fahrt aus 10 m Entfernung darauf zu und bremst mit beiden Bremsen.

Verkehrsregeln sicher anwenden

1 Wähle Aufgaben aus. Forsche nach.

1 Rechts vor links

Eine Regel heißt: „An Kreuzungen und Einmündungen hat die Vorfahrt, wer von rechts kommt“, kurz gesagt: „rechts vor links“.

- Wer fährt hier zuerst?

2 Halt. Vorfahrt gewähren!

Wenn Verkehrszeichen die Vorfahrt regeln, ist die Regel „rechts vor links“ aufgehoben: Bei diesem Zeichen müssen Fahrzeuge immer an der Haltelinie anhalten, auch wenn von links und rechts kein Fahrzeug kommt.

- Wann dürfen sie weiterfahren?

3 Fußgängerüberweg

Alle Fahrzeuge müssen vor dem Überweg anhalten, wenn sich Fußgänger darauf befinden.

- Was ist zu beachten, wenn du als Radfahrer diesen Übergang benutzt?

4 Vorrang des Gegenverkehrs

Auf dem Bild ist eine Arbeitsstelle zu sehen. Das Zeichen gibt an: Der Gegenverkehr hat Vorrang.

- Wer darf hier zuerst fahren?

5 Wer hat Vorfahrt?

Findet dieses Zeichen an einer Kreuzung. Informiert euch, was es bedeutet.

Wichtige Verkehrsregeln der StVO kennen, um als Radfahrer am Straßenverkehr teilnehmen zu können; Gefahren wahrnehmen, sich sicherheitsgerecht verhalten

AH S.32/33

Früher und heute

Wie lebten die Thüringer früher, wie leben sie heute?

Deine Umgebung verändert sich

1 Alles verändert sich. Erkläre die Beispiele.

In der Natur

In der Natur wechseln die Jahreszeiten.
Auf den Feldern wechseln auch die Arbeiten:
pflügen, eggen, säen oder pflanzen, ernten …

Spätsommer/Herbst:

Boden pflügen

Herbst:

Winterweizen aussäen

Frühjahr:

Weizen pflegen

Sommer:

Weizen ernten

In der Familie

Deine Eltern, Geschwister, du selbst …, alle werden älter und verändern sich.
Manche Ereignisse in der Familie verändern das Zusammenleben:
wenn Vater oder Mutter arbeitslos werden, wenn ein Kind geboren wird,
wenn jemand aus der Familie erkrankt oder stirbt …

Oma an ihrem 18. Geburtstag

Oma an ihrem 58. Geburtstag

Mama und Papa bei ihrer Hochzeit

Mama und Papa heute

Im Wohnort

Im Wohnort erzählen Häuser und Brücken von alter Baukunst und
modernen Bauweisen. Wo früher eine Wiese war, stehen heute Reihenhäuser.

alte Brücke

neue Brücke

Wiese

Reihenhaus

Zeit erfassen in Bezug auf Lebensalter der Menschen; Veränderungen
in der Umwelt wahrnehmen; Achtung vor der Arbeit früherer Generationen entwickeln

Im Hausbau

Im Schiefergebirge sind solche Häuser zu sehen. Sie sind ganz mit Schiefer umhüllt. Schiefer wurde in Thüringen bereits vor 800 Jahren abgebaut. Er lässt sich in dünne Platten spalten. Aus denen kann man Wandverkleidungen, Dächer und Mauern fertigen.

Bis heute werden Dächer mit Schiefer gedeckt. Dafür kommt der Schiefer oft aus Spanien. In Thüringen wurde immer weniger abgebaut.

Im **Bergbau**

Vor 450 Jahren begann im Saalfelder Bergwerk der Abbau von Alaunschiefer. Als das Bergwerk schloss, vergaß man es. 300 Jahre lang formten Tropf- und Quellwasser eine **Tropfsteinhöhle**.

Heute gelten die Saalfelder Feengrotten als schönste Schaugrotten der Welt. Der Rundgang führt über drei Etagen bis in 35 Meter Tiefe. Zu sehen sind Arbeitsstätten der Bergleute, viele Tropfsteinformen, Seen und Höhlen wie der Märchendom.

MITMACHEN UND NACHDENKEN

2 Zeichne auf einen Zeitstrahl, wann deine Großeltern, Eltern und deine Geschwister geboren wurden. Nutze den Wegweiser Seite 16.

3 Erkunde, wozu Alaunschiefer verwendet wurde.

Heute in die Vergangenheit schauen

1 Wähle ein Beispiel zu „Früher und heute“ aus.
Vergleiche die Bilder. Lies die Texte.

Schon 1926 wurde in Jena das Zeiss-**Planetarium** erbaut. Dort betrachteten die Menschen an der weißen Kuppel Bilder des Sternenhimmel. Sie wurden mit einem Projektor an die Kuppel geworfen.

Heute arbeitet das Jenaer Planetarium mit moderner Technik und als erstes Planetarium in Europa mit Laser. Sechs Laserprojektoren zeigen auf der Kuppel Bilder des Sternhimmels und der Planeten.

Johann Wolfgang von Goethe
1749–1832

Goethe war ein deutscher Dichter, Naturforscher, Staatsmann und Theaterleiter. Er lebte lange Zeit in Weimar. Goethe schrieb Theaterstücke, Romane, Gedichte und wissenschaftliche Werke.
Für seine Forschungen legte er Sammlungen an: Samen, Früchte, Schnecken, Muscheln, Steine aller Art, geschliffene Gläser, Tapeten, Experimentiergeräte, Gemälde, zahlreiche Bücher …
Erzähle, was du sammelst.

Heute wird Goethes Werk in vielen Ländern gelesen, an Theatern gespielt und erforscht. Touristen aus aller Welt reisen nach Weimar, um die Museen im Haus am Frauenplan und im Gartenhaus zu besuchen. Sie wollen wissen, wie Goethe wohnte und arbeitete. Und sie bestaunen seine Sammlungen.

Goethes Wohnhaus am Frauenplan heute

Zeit erfassen; aktuelle und historische Verflechtung in der Region finden; Kultur und Tradition vorstellen

AH S. 36/37

Deutschland früher und heute

Nach dem Zweiten Weltkrieg 1945 wurde Deutschland geteilt. Es gab den „Osten“, die Deutsche Demokratische Republik, und den „Westen“, die **Bundesrepublik Deutschland**. **1961** ließ die Regierung der **DDR** die Grenze mit Mauern, Stacheldraht, Minen und Wachtürmen sichern und von Grenzsoldaten streng bewachen. Sie wollte damit verhindern, dass DDR-Bürger in den Westen flüchten.

Im November 1989 musste die DDR-Regierung die Grenze öffnen, nachdem Tausende Menschen in der DDR für Veränderungen demonstriert hatten. Viele Thüringer feierten zusammen mit ihren Nachbarn in Bayern, Niedersachsen und Hessen die Öffnung der Grenze. Seit dem 3. Oktober 1990 ist Deutschland wieder ein Land. Aber noch ist die lange Zeit der Teilung im Osten und im Westen zu merken.

MITMACHEN UND NACHDENKEN

2 Frage Zeitzeugen, was sich nach der Grenzöffnung für sie verändert hat.

3 Bringe eine „historische Quelle“ von zu Hause mit. Erzähle dazu.

4 Vergleiche: Womit spielst du gern? Womit spielten deine Großeltern gern? Schreibe eine Tabelle.

INTERESSANT

Geschichtsforscher sammeln Informationen über das Leben früher.
Sie nutzen Texte, Gegenstände oder Vorgänge aus der Vergangenheit.
Man nennt dieses Material **„historische Quellen“** oder Quellen für unser Wissen über die Vergangenheit.

Heizen – früher und heute

1 Besprecht: Zu welchen Sätzen in den Texten passen die Bilder?

2 Findet Zwischenüberschriften für die Texte.

Schon vor Jahrtausenden wärmten sich die Menschen am Feuer. Später holten sie das Feuer in ihre Höhlen und Häuser. Sie hatten großartige Ideen, wie man in der kalten Jahreszeit heizen kann. So wärmten sich die Menschen in den Bauernhäusern und Stadthäusern an offenen Feuerstellen. Das waren auch gleichzeitig die Kochstellen. Der Rauch zog dabei anfangs durch das Dach ab. Später baute man Kamine. Der Rauch wurde über Schlote nach draußen geleitet.

LEICHTER LERNEN

Texte in sinnvolle Abschnitte ordnen

- Bilde beim Lesen eines Textes Zwischenüberschriften.
- Kurze Abschnitte lernen sich leichter.

Vor 100 Jahren war für viele Familien die Küche der wichtigste Raum, weil er am wärmsten war. Hier hielt sich die Familie auf. In der **Kochmaschine** brannte ein Holz- oder Kohlefeuer. In reichen Haushalten gab es noch immer Kamine oder Kachelöfen. Das waren Schmuckstücke im Raum. Kachelöfen machten die Wohnungen rauchfrei. Die Steine und Kacheln speicherten die Wärme und gaben sie allmählich wieder ab.

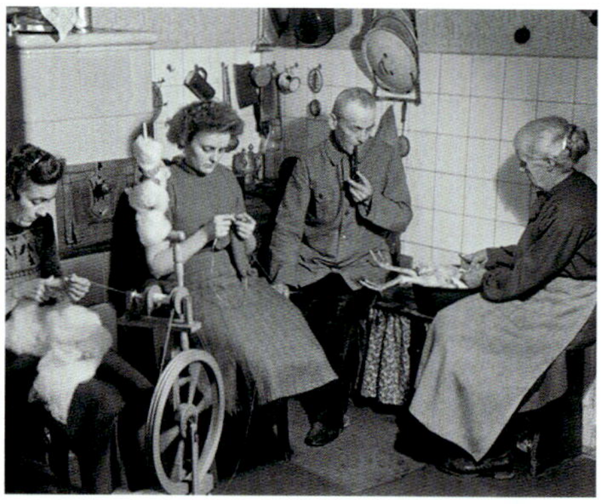

Ausgewählte Aspekte aus dem Alltag am Beispiel des Heizens früher und heute erörtern; Achtung vor der Arbeit früherer Generationen entwickeln

Im Jahr 1920 wurden die ersten **Warmwasser-Heizungen** in Mietshäuser eingebaut. Erst ab etwa 1970 erhielten Neubauten eine zentrale Heizungsanlage. Die Heiztechnik entwickelte sich rasch weiter. So gibt es heute Geräte, die uns auf verschiedene Art die Wärmeenergie liefern. Das sind die Brennstoffe für die unterschiedlichen Anlagen:

Heizöl: Es wird aus Erdöl gewonnen. Erdöl entstand aus toten Pflanzen und Tieren. Sie sanken auf den Meeresgrund. Nach vielen Millionen Jahren wurde daraus Erdöl.

Steinkohle: Sie ist in Jahrmillionen aus Pflanzen entstanden. Das zusammengepresste Material wurde „hart wie Stein“ – daher der Name „Steinkohle“.

Erdgas: Es hat sich im Lauf von Millionen Jahren meist aus pflanzlichen Stoffen gebildet, zum Beispiel aus Farnen und Nadelbäumen. Das Gas lagert unterirdisch.

Holzpellets: Sie werden aus Holz hergestellt. Das Holz wird zunächst in Späne zerkleinert. Die Späne werden zu stäbchenförmigen Pellets zusammengepresst.

Grundwasserwärme, Luftwärme, Erdwärme: Elektrische Wärmepumpen wandeln diese in der Natur vorhandene Wärme in nutzbare Wärme um.

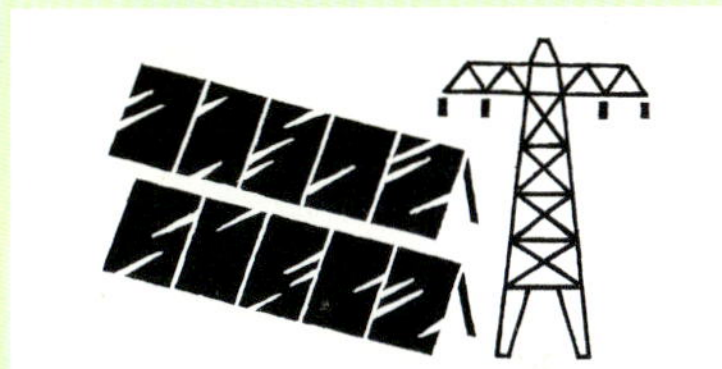

Sonnenenergie: Die Sonne liefert uns ständig Energie. Solaranlagen fangen das Sonnenlicht auf und wandeln es in Wärme um.

MITMACHEN UND NACHDENKEN

3 Erzähle zu den Bildern auf dieser Seite.

4 Erfrage, wie und womit deine Wohnung beheizt wird.

5 Erklärt den Begriff „erneuerbare Energien“. Nutze das Internet.

Feste und Bräuche

1 Wähle Aufgaben aus.

1 Bauentracht

Schon vor Jahrhunderten machten die fruchtbaren Böden im Altenburger Land die Bauern reich. Das zeigt die Altenburger Bauerntracht. Sie war aus kostbaren Stoffen, wie Seide oder Kattun, gefertigt und mit Perlen und Seidenbändern geschmückt. Bräute und Brautjungfern trugen ein Hormt, einen reich verzierten Kopfschmuck. Zur Männertracht gehörten ein langer Mantel, ein kleiner runder Hut und weiße Seidenstrümpfe.

Erforsche: Zu welchen Festen werden heute noch **Trachten** getragen?

2 Der festliche Maibaum

Erkunde: Welche Bräuche sind mit dem Maibaum verbunden?

3 Sommergewinn

Sommergewinn vor 800 Jahren. Der Winter wird vertrieben.

Wie wird das Fest „Sommergewinn“ heute in Thüringen gefeiert?
Frage nach, lies im Internet und in Büchern.
Gestaltet in der Gruppe ein Plakat.

4 Bräuche bei dir

Erzähle von einem **Brauch** in deiner Familie.

Hintergründe von Traditionen (Festen, Bräuchen) erörtern;
Informationen aus medialen Quellen auswählen; sein Land in seiner Schönheit annehmen **AH** S. 36/37

Im Frühling

Wie kann ich Beobachtungen in der Natur dokumentieren?

Das Foto beschreiben; Zusammenhänge zwischen der Frage und der unteren Abbildung herstellen

Ein Spaziergang im Frühling

1 Einen Entdecker-Rucksack packen:
Beratet in der Gruppe, welches Material ihr mitnehmen wollt.
Notiert alles. Stellt das Material zusammen und packt den Rucksack.

Was wir mitnehmen – gut vorbereiten

Wir können noch besprechen:
- Verhaltensregeln
- Umgang mit Geräten
- Erste-Hilfe-Material
- zweckmäßige Kleidung

Am Parkweg entdecken – Löwenzahn

Fotografieren, nachforschen und die Ergebnisse dokumentieren:

Der Löwenzahn gehört zu den Korbblütlern.

Der Wind verbreitet die Früchte mit den Samen.

Aus einem Samen wächst eine neue Pflanze.

Auf jedem Blütenstängel sitzt eine Knospe.

Aus jeder Knospe entwickelt sich ein Blütenkorb mit vielen gelben Zungenblüten.

Jule, Andi und Sebastian

Jahreszeitliche Veränderungen der Temperatur und Einfluss des Wetters auf das Leben von Tieren und Pflanzen am Beispiel des Frühlings erklären; Exkursion als schulische Veranstaltung planen

Am Himmel beobachten – Tagbogen der Sonne beobachten, zeichnen und dokumentieren

Zum Frühlingsanfang am 20. März
sind Tag und Nacht gleich lang.
Danach werden die Tage länger.
Der Tagbogen der Sonne zeigt im Frühling
eine längere Sonnenscheindauer.
Die Sonne erwärmt das Festland
und die Gewässer auf der Erde.
Pflanzen beginnen zu wachsen.
Viele Tiere bekommen ein Sommerfell.
Ihre Jungen werden geboren.
Die Menschen tragen nicht mehr
ihre warmen Wintersachen und
beginnen mit der Gartenarbeit.

Wir können noch:
- die Tagbögen der Sonne vergleichen.

Unsere Fotopirsch im Park

Hain-Bänder-schnecke

Kreuzspinne

Zitronenfalter

Narzisse

Sophie, Lara, Jan, Florian

Meine Steinsammlung

Mein Herbarblatt

Entdeckungen

Ein Spaziergang im Frühling

Großer Blaupfeil 19. Mai 2016

Lina und Alexander

Libellen beobachten, Beobachtung notieren, fotografieren, Art bestimmen

Eine schillernde Libelle flog wie ein Hubschrauber über das Wasser. Dann blieb sie kurz in der Luft stehen und flog dann ganz schnell zum Sand neben dem Tümpel.
Mit weit ausgebreiteten Flügeln wärmte sich das Libellenmännchen in der Sonne.

Wir können noch:
- den Körper der Libelle beschreiben,
- nachforschen, warum alle Libellen unter Naturschutz stehen,
- weiter zum Großen Blaupfeil forschen.

In der Naturstation einen Experten interviewen, Ergebnisse darstellen

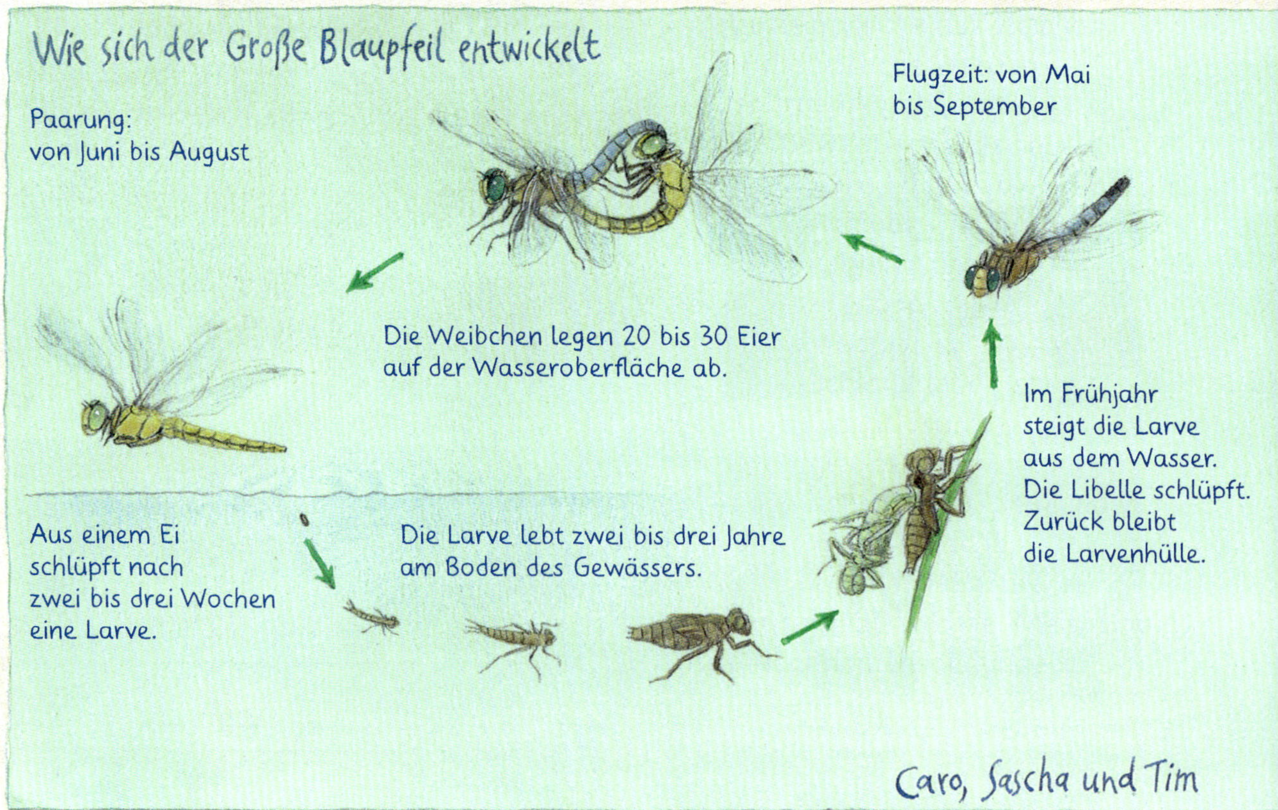

Jahreszeitliche Veränderungen der Temperatur und Einfluss des Wetters auf das Leben von Tieren und Pflanzen am Beispiel des Frühlings erklären

Bestimmungsbücher mitnehmen, nachlesen und Pflanzen bestimmen

Ihr seht eine blühende Pflanze und vermutet, es ist ein Gänseblümchen.

- Sucht den Namen im Wörterverzeichnis. Seht auf der Seite nach. Vergleicht.

Ihr seht eine unbekannte Pflanze.

- Wählt ein Bestimmungsbuch, das Pflanzen nach Blütenfarben ordnet.
- Schlagt den Abschnitt „Weiß" auf.
- Vergleicht die abgebildete Pflanze genau mit der, die ihr gerade seht.
- Ist es die Pflanze, merkt euch ihren Namen und lest die Beschreibung.

Leonie und Felix

In diesem Bestimmungsbuch sind Pflanzen nach ihren Blütenfarben geordnet.

Wiesenpflanzen sammeln

So gehe ich vor:

Sammeln

Auflegen und pressen

Aufkleben

Beschriften

Mein Ergebnis:

Sammle keine geschützten Pflanzen!

Schützt die Natur

1 Wähle Aufgaben aus.

1 Leibspeise Mäuse

Ernährung der Waldohreule

Den Tag über ruht die Waldohreule am liebsten nahe des Stammes eines Nadelbaums. In der Dämmerung und nachts wird die Eule aktiv. Sie wartet auf Mäuse, ihre Lieblingsspeise. Im geräuschlosen Flug stürzt sie sich auf die Tiere und packt sie. In einem Jahr frisst die Eule über 1000 Mäuse.

Auf manchen **Naturschutzzeichen** ist die Waldohreule abgebildet. Warum?

2 Ein schwieriges Rätsel

~~1~~ ~~2~~ ~~3~~ ~~8~~

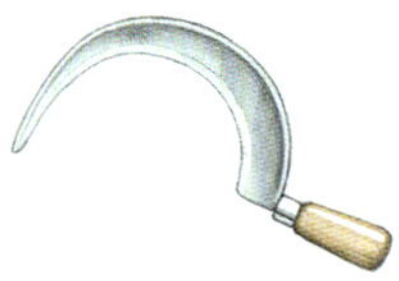

el = tet

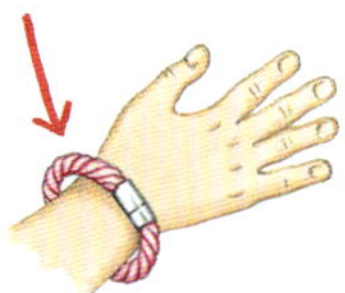

~~2~~ n = u d = m

m = n ~~4~~ ~~5~~

~~1~~

~~4~~

l = t e = z

3 · 5 = 15

~~1~~ ~~2~~ ~~3~~

Was entdeckst du? Ersetze die Bilder durch Wörter. Schreibe sie auf. Streiche und verändere die Buchstaben entsprechend der Angaben.

3 Schatzkammern der Natur

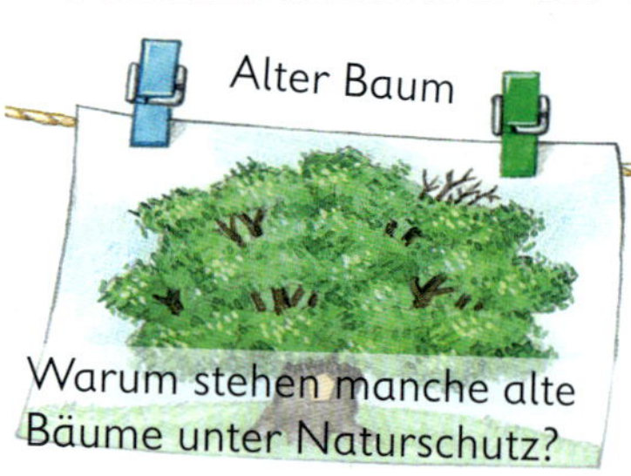

Warum sind dies „Schatzkammern“?
Fragt bei Experten nach. Nutzt auch Medien wie das Internet.

Maßnahmen zum Schutz der Natur an ausgewählten Beispielen erörtern; Informationen aus medialen Quellen auswählen

Der Natur auf der Spur

Wie kommt Wasser in der Natur vor?

Wasser überall

1 Betrachtet die Bilder vom Wasser. Stellt Fragen und sucht Antworten:
- Was hat ein Glas Milch mit Wasser zu tun?
- Warum sind auch Früchte auf dem Bild?
- Was erzählt ein runder Stein vom Wasser?

Wasser verändert sich in der Natur wie kein anderer Stoff.
Wasser kann flüssig sein. Es fließt als schmaler Bach
oder breiter Fluss durch das Land.
Es rollt in großen Wellen an das Ufer.

Wasser kann fest sein. Kälte formt Wasser zu Eiskugeln oder Schnee.

Wasser kann gasförmig sein. An einer eiskalten Flasche sammeln sich in einem warmen Raum schnell Tropfen. Dieses Wasser kommt aus der Luft.

Die Zustandsformen des Wassers nennen; Bilder interpretieren,
dazu Beispiele für Wasservorkommen in der Umwelt finden und darüber kommunizieren

S. 8

Führt Experimente mit Wasser durch.

Wasser verwandelt sich

EXPERIMENT

Ihr braucht: Kühlschrank, Eiswürfel-Behälter, Wasserflasche, Teller, Wasser

Geht so vor:

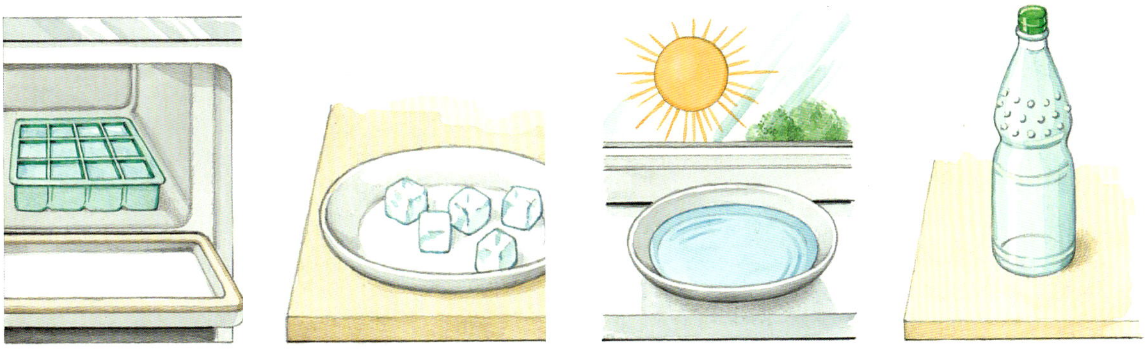

1 Stellt im Eisfach aus Wasser Eiswürfel her.

2 Legt fünf Eiswürfel auf einen Teller. Seht nach drei Stunden nach.

3 Stellt den Teller in die Sonne. Seht nach drei Tagen wieder nach.

4 Stellt eine kalte Flasche auf den Tisch. Hebt sie nach zwei Minuten hoch.

Was zeigen die Experimente?

1 Im Eisfach erstarrt das Wasser unter 0 °C zu Eiswürfeln. Das Wasser ist jetzt fest.

2 Über 0 °C schmelzen die Eiswürfel wieder zu Wasser. Das Wasser ist flüssig.

3 Nach drei Tagen ist das Wasser durch die Sonne verdampft. Es ist unsichtbarer Wasserdampf in der Luft. Der Wasserdampf ist gasförmig.

4 An der Flasche kühlt sich der gasförmige Wasserdampf aus der Luft ab. Er kondensiert. Das heißt, er wird wieder Wasser. Deshalb wird die Flasche feucht.

MITMACHEN UND NACHDENKEN

2 Führt das Experiment durch und schreibt ein Versuchsprotokoll.

3 Erkläre das Schaubild.

4 Erkundet: Was passiert, wenn Wasser kocht?

Der Kreislauf des Wassers

1 Beschreibe die Wege des Wassers auf unserer Erde.

In den Wolken fliegen die Wassertröpfchen oder Eisteilchen hin und her. Sie stoßen aneinander, verbinden sich und werden immer schwerer. Sie fallen als Niederschlag aus den Wolken.

Ist die Luft trocken, verdunsten viele Tropfen gleich wieder.

Der Wasserkreislauf ist die natürliche Bewegung

Die Sonne treibt

Ist die Luft feucht, fällt Regen.

Ist die Luft sehr kalt, fällt Schnee.

Dort, wo das Wasser einen Weg nach außen findet, tritt es als **Quelle** wieder hervor.

Teile des Niederschlags versickern langsam im Boden.

Feste Bodenschichten lassen kein Wasser hindurch. Das Wasser sammelt sich darüber als **Grundwasser**.

INTERESSANT

Das meiste Wasser ist in den **Weltmeeren**. Nur ein geringer Teil verteilt sich auf Flüsse, Seen, Gletscher, Eismassen und den Wasserdampf in der Luft.

Den Kreislauf des Wassers in der Natur beschreiben; die Bedeutung des Wassers als Lebensgrundlage beschreiben

MITMACHEN UND NACHDENKEN

2 Zum Wasserkreislauf hat James Krüss das Gedicht „Das Wasser“ geschrieben. Findet es im Internet und malt ein Bild dazu.

Experimente mit Wasser

1 Führt das Experiment durch.

EXPERIMENT

Schwimmt oder sinkt eine leere geschlossene Wasserflasche?

Ihr braucht:
- ein großes Glasbecken (Aquarium), Wasser
- eine leere Plastikflasche mit Deckel

Geht so vor:
- Legt die leere Flasche auf das Wasser.
- Drückt sie dann unter Wasser, lasst sie los.
- Notiert das Ergebnis. Versucht, es zu erklären.

Gerade habt ihr eine wissenschaftliche Entdeckung gemacht: Die leere Plastikflasche lässt sich kaum unter Wasser drücken. Sie steigt immer wieder auf und schwimmt. Aber warum? Der griechische Mathematiker, Physiker und Ingenieur Archimedes fand schon vor über 2000 Jahren heraus:

Jeder Gegenstand, der in Wasser eintaucht, verdrängt mit der Kraft seines Gewichtes Wasser. Zugleich aber drückt das verdrängte Wasser mit seiner Kraft den Gegenstand wieder nach oben. Man sagt, der Gegenstand erhält Auftrieb.

2 Markiere vor dem Baden zu Hause den Wasserspiegel in der Badewanne. Steige dann in die Wanne und markiere wieder.

INTERESSANT

Archimedes (Skulptur von Gerhard Thieme, 1972)

geboren im Jahr 285 vor unserer Zeitrechnung, gestorben im Jahr 212 vor unserer Zeitrechnung

Archimedes lebte und forschte in seiner Heimatstadt Syrakus auf Sizilien. Das Auftriebsprinzip heißt nach seinem Entdecker auch archimedisches Prinzip.

Eigenschaften des Wassers durch Experimente zu Auftrieb und Dichte erklären: Wasserverdrängung; Erkenntnisse aus Versuchen auf Alltagssituationen übertragen

S. 8

Zwei Gedankenexperimente

Lies die Sätze. Versuche, Satz **B** und **C** zu ergänzen.

A Die leere Flasche schwimmt: Die Kraft des Auftriebs ist größer als die Kraft, mit der das Gewicht der Flasche auf das Wasser drückt.

B Die volle Flasche …: Die Kraft des Auftriebs ist … als die Kraft, mit der das Gewicht der Flasche auf das Wasser drückt.

C Eine halbvolle Flasche schwebt: Die Kraft des Auftriebs ist … wie die Kraft, mit der das Gewicht der Flasche auf das Wasser drückt.

Die Kraft des Auftriebs hängt auch vom Material ab.

In einem Glasbecken befinden sich drei feste, gleich große Kugeln: eine Kugel aus Stahl, eine aus Edelholz, eine Kugel aus Styropor.

- Vermute: Aus welchem Material sind die Kugeln 1, 2 und 3?
- Wie bist du auf dein Ergebnis gekommen?

Die Kraft des Auftriebs hängt auch von der Form des Gegenstandes ab. Das zeigt folgendes Experiment.

Schwimmende Knetmasse

EXPERIMENT

Ihr braucht:

Geht so vor:

- Formt aus Knete Figuren und setzt sie ins Wasser. Was stellt ihr fest?
- Versucht, eure Ergebnisse zu erklären.

MITMACHEN UND NACHDENKEN

3 Menschen müssen das Schwimmen erlernen, sonst ertrinken sie im tiefen Wasser. Warum?

Wasser messen und untersuchen

1 Wähle Aufgaben aus. Forsche nach.

1 Wichtiges Lebensmittel

Wie viel Flüssigkeit solltest du täglich mindestens trinken? Informiere dich in Büchern oder im Internet.

2 Wie viel Wasser wird verdrängt?

Du brauchst:

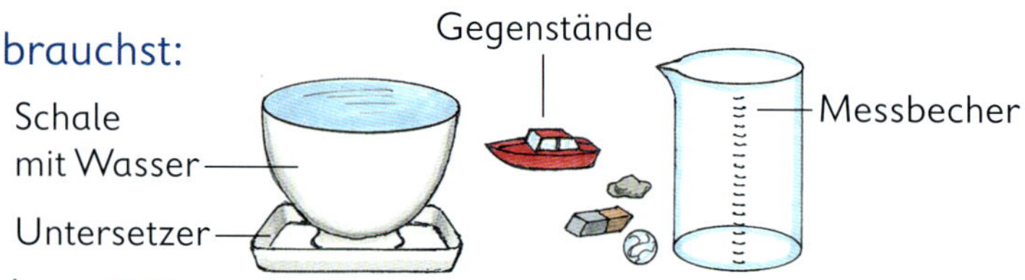

Geht so vor:

- Fülle eine Schale randvoll mit Wasser.
- Lege einen Gegenstand hinein.
- Fange das überlaufende Wasser auf und gib es in einen Messbecher. Lies die Menge in Milliliter ab.
- Notiere sie. Fülle die Schale jeweils wieder auf.
- Wiederhole den Versuch mit anderen Gegenständen.

3 Verbrauch

Du nimmst ein Bad in der Badewanne oder duschst.

Wie viel Wasser verbrauchst du? Informiere dich, wie du den Verbrauch messen kannst.

4 Durstige Pflanzen

Baue eine Fadenpumpe. Lies nach drei Tagen ab, wie viel Wasser fehlt.

Wo ist das Wasser geblieben?

5 Niederschlag messen

Baue diesen Regenmesser nach.

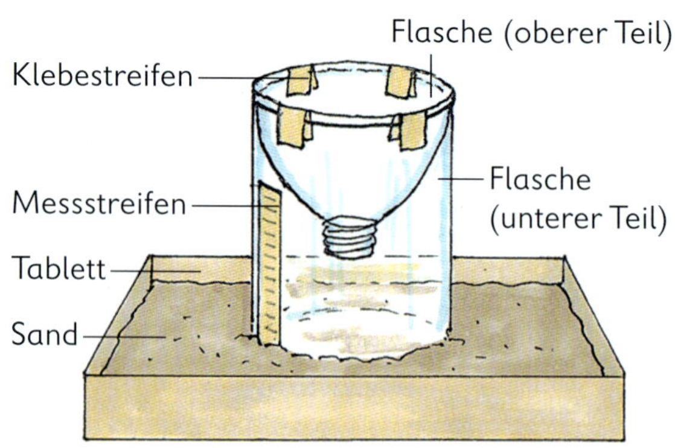

Miss an einem Regentag die Regenmenge.

Mit Tieren leben

Wie werden Nutztiere gehalten und gepflegt?

Das Foto beschreiben; Zusammenhänge zwischen der Frage und der unteren Abbildung herstellen

Nutztiere kennenlernen

1 Welche **Nutztiere** hast du schon einmal beobachtet? Erzähle davon.

Tier	 Hausrind	 Hausschwein
Körper-gliederung	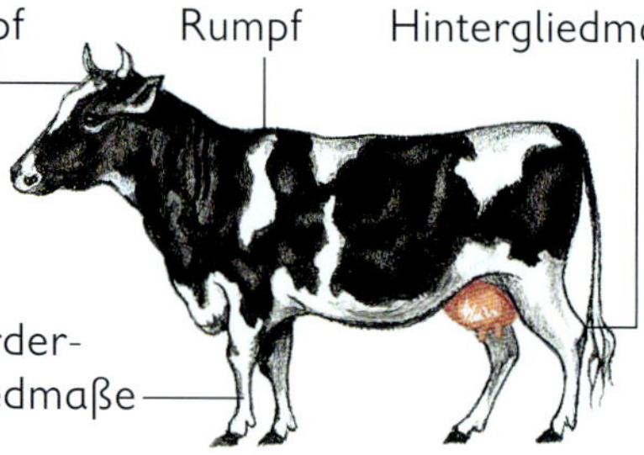	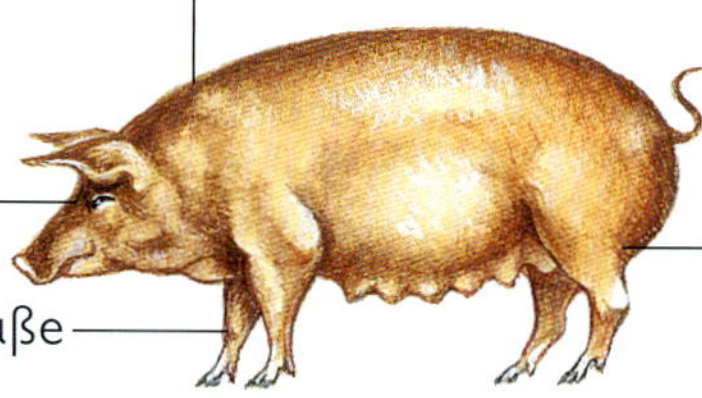
Körper-bedeckung	Fell	Fell
Ernährung	*Pflanzenfresser:* Grünfutter, wie Gras, Klee, Rüben, Gärfutter	*Allesfresser:* Futtermittel, Rüben, Kartoffeln, Küchenabfälle, auch Regenwürmer, Engerlinge, Eicheln
Fort-pflanzung	Jährlich kann ein Kalb geboren werden. Es wird gesäugt. *Tierfamilie:* Kuh, Bulle, Kalb	Zweimal jährlich können 6–12 Ferkel geboren werden. Sie werden gesäugt. *Tierfamilie:* Sau, Eber, Ferkel
Haltung	*Sommer:* Herde auf Weiden, teilweise auch in Ställen *Winter:* in sauberen, hellen Ställen	Ställe, teilweise mit Auslauf
Nutzung	Milch, Fleisch, Haut, Fell, Knochen, Horn, Haare, Dung	Fleisch, Haut, Knochen, Haare, Dung
Biologische Gruppe	Säugetier	Säugetier

Körperbau, Ernährung, Fortpflanzung, Haltung, Nutzen für den Menschen, biologische Verwandtschaftsverhältnisse ausgewählter Nutztiere erkennen, benennen, vergleichen

2 Fertigt ein **Lapbook** zu einem Nutztier an.

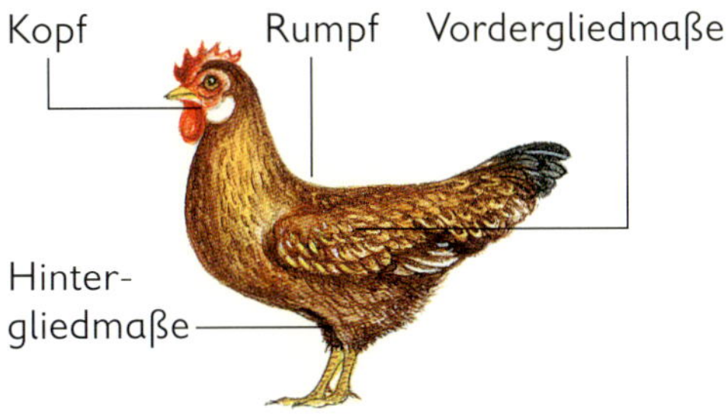

Schaf	Haushuhn
Haarkleid	Federn
Pflanzenfresser: Gräser, Kräuter und im Winter: Heu, Silage, Getreide	*Allesfresser:* Mischfutter, im Stall Futtermittel, draußen auch Würmer, Raupen, Käfer, Kleingetier, Samen, Körner
Jährlich können einmal 1–3 Lämmer geboren werden. Sie werden gesäugt. *Tierfamilie:* Schaf, Bock, Lamm	Die Henne legt Eier. Als Glucke brütet sie 21 Tage lang 12–15 Eier aus. *Tierfamilie:* Henne, Hahn, Küken
Sommer: Weide *Winter:* in sauberen, hellen Ställen	Hühnerstall mit Auslauf, Freiland- oder Bodenhaltung
Wolle, Fleisch, Milch	Eier, Fleisch, Federn
Säugetier	Vogel

echte Glucke

elektrische Glucke

falsche Glucke

Nutztiere halten – aber wie?

In der Massentierhaltung werden viele Schweine auf kleinem Raum gehalten. So kann man zahlreiche Menschen in kurzer Zeit mit viel Fleisch versorgen.

1 Vergleicht die Massentierhaltung mit der ökologischen Tierhaltung.

Vorteile der Massentierhaltung

- Die Schweine werden in großen Stallanlagen gehalten und teilweise vollautomatisch gefüttert. Sie bekommen spezielles, in Fabriken hergestelltes Futter.
- Zur Versorgung der Tiere braucht man nur wenige Arbeitskräfte. So wird sehr viel Fleisch produziert, und die Fleischpreise bleiben niedrig.

Nachteile der Massentierhaltung

- Viele Menschen kritisieren, dass die Tiere nicht artgerecht gehalten werden.
- Die Tiere erhalten gegen Krankheiten Medikamente. Einige davon bleiben im Fleisch. Wer das Fleisch isst, nimmt sie in seinen Körper auf. Werden wir aber selbst krank und benötigen Medikamente, wirken diese oft nicht mehr: Unser Körper ist an sie gewöhnt.

Unterschiedliche Haltung von Nutztieren und ihre Auswirkung auf die Tiere beschreiben; Maßnahmen verantwortungsvoller Haltung und Pflege der Nutztiere reflektieren

S. 14/15

Biobauern müssen die Tiere artgerecht halten.
Die Haltung darf außerdem nicht der Umwelt schaden.
Das nennt man: ökologische Tierhaltung.

Schweine sind neugierig und wühlen gern. Im Freiland haben sie bei Wind und Wetter genügend Auslauf. Das stärkt sie gegen Krankheiten.

Bioschweine fressen Stroh, Heu, frisches Gras. Zusätzlich bekommen sie Kraftfutter: Getreideschrot und eiweißreiche Erbsen, Bohnen und Lupinen.

Bei schlechtem Wetter ist in Ställen viel Platz. Es gibt Auslaufplätze und trockene Liegeplätze.

Die Tiere erhalten keine Mittel, die sie schneller wachsen lassen. Kranke Tiere behandelt der Tierarzt mit pflanzlichen Heilmitteln. Nur in Notfällen gibt er Medikamente.

Ferkel bekommen etwa 40 Tage Milch von der Muttersau.

Vorteile der ökologischen Tierhaltung

- Die Nutztiere werden artgerecht gehalten.
- Die Erzeugnisse sind unverwechselbar: Käufer erkennen Bioware an ihrem Gütesiegel, an genauen Herkunftsangaben und an Markenzeichen.
- Die Erzeugnisse haben eine sehr gute Qualität.

Nachteile der ökologischen Tierhaltung

- Es wird nur eine geringe Anzahl von Tieren gehalten. Dadurch entstehen hohe Kosten für Futter, Stallbau und Haltung.
- Die Erzeuger müssen sich streng an Regeln halten. Das kostet mehr Zeit, Arbeitskraft und Geld.
- Verbraucher zahlen für die Erzeugnisse höhere Preise.

Wildschwein und Hausschwein unterscheiden sich

1 Vergleiche das Aussehen von Wildschwein und Hausschwein. Was stellst du fest? Lege eine Tabelle an.

Keiler

Bache

Frischling

Körperbau des Wildschweines

Eber

Sau

Ferkel

Körperbau des Hausschweines

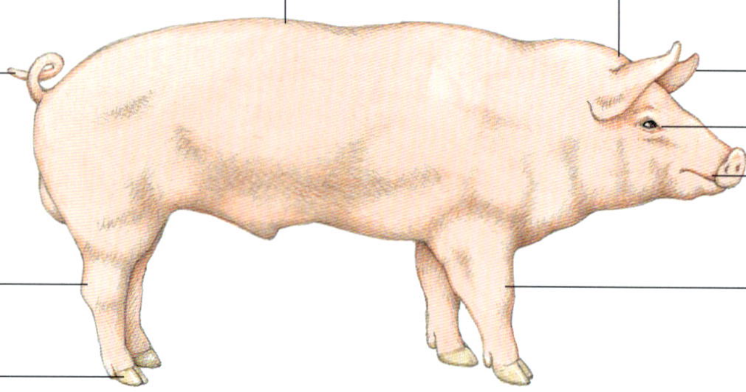

Unterschiede zwischen Nutz- und Wildtieren erkennen und beschreiben in Bezug auf: Lebensweise, Aussehen, Lebensraum

Wildschwein und Hausschwein leben verschieden

	Wildschwein	Hausschwein
Lebensraum	Laub- und Mischwälder mit sumpfigen Bereichen 	Stallhaltung, Freilandhaltung 
Lebensweise	Die Bachen und Frischlinge leben in Rotten zusammen. Die einjährigen Keiler bilden eine eigene Rotte. Ab dem zweiten Lebensjahr leben die Keiler allein. In der Paarungszeit gesellen sie sich zur Rotte. Bachen bauen vor der Geburt der Frischlinge Nester.  Wildschweine lieben den Körperkontakt untereinander, wühlen und suhlen gern.	In Deutschland werden über 28 Millionen Schweine zur Fleischerzeugung oft in großen Schweinemastanlagen gehalten. Meistens werden die Tiere nicht artgerecht gehalten, das heißt ihrer natürlichen Lebensweise entsprechend.  Nur sehr wenige Schweine werden artgerecht im Freiland gehalten.
Fortpflanzung	3 – 8 Frischlinge im März/April Körperbedeckung: rötlichbraun mit hellen, gelblichen Streifen	etwa zweimal im Jahr 6 – 12 Ferkel Körperbedeckung: weiße Haut mit weißen Borsten
Nahrung	Eicheln, Bucheckern, Kastanien, Wurzeln, Gras, Würmer, Maden, Insekten, Vogeleier, Mäuse, Jungvögel 	Getreide, Schrot, Kartoffeln, Rüben, Spezialfutter aus Mais und Soja 

MITMACHEN UND NACHDENKEN

2 Vergleiche das Leben von Wildschweinen und Hausschweinen.

3 Vermute, warum die gezüchteten Schweine so verändert aussehen und leben.

Unterschiede zwischen Nutz- und Wildtieren erkennen und beschreiben in Bezug auf: Lebensweise, Aussehen, Lebensraum

S. 14/15

Rund um Wild- und Hausschwein

1 Wähle Aufgaben aus. Forsche nach.

1  und  vergleichen

Merkmale	Wildschwein	Hausschwein
Kopf	langer Kopf, flache Stirn, Hauer (Eckzähne im Unterkiefer)	kürzerer, hoher Kopf, kürzere Schnauze, Eckzähne nicht sichtbar
Ohren	aufrechte, kleine Ohren	Schlappohren
Rumpf	gedrungener Rumpf	langgestreckter Rumpf
Glied-maßen	etwas länger als beim Hausschwein	kurze Beine
Körper-bedeckung	dunkle Haut, braune, graue bis schwarze Borsten	rosige Haut, weiße Borsten

Hast du diese Lösungen für die Seite 98 gefunden?
Dann bist du ein sehr guter Beobachter.

2 Testet euer Wissen

Jeder schreibt zwei Fragen zu Haus- und Wildschweinen auf. Ein Partnerkind bekommt zwei Tage Zeit, um die Fragen schriftlich zu beantworten. Stellt die Ergebnisse aus.

3 Schwein gehabt

Forscht nach Redewendungen rund ums Schwein. Schreibt sie auf. Zeichnet dazu und gestaltet eine Wäscheleinen-Ausstellung.

4 Schwein bringt Glück

Warum wird Silvester oft ein Glücksschwein verschenkt?

Unterschiede zwischen Nutz- und Wildtieren erkennen und beschreiben;
aus medialen Quellen selbstständig wichtige Informationen auswählen und nutzen

S. 2/3, S. 14/15

Im Sommer

Was gehört zur „unbelebten Natur"?

Stoffe nutzen und herstellen

1 Beschreibe die Nutzung von Schiefer.

Dunkler Schiefer ist ein Gestein, das sich in dünne Tafeln brechen und spalten lässt. Es wird in **Schieferbrüchen** abgebaut. Früher hat man in Thüringen große Mengen Schiefer gewonnen.
Man nannte den Schiefer „Blaues Gold“.
Ein alter Tagebau ist in Lehesten zu besichtigen.

INTERESSANT

Heute wird Thüringer Schiefer noch in den Schieferbrüchen Unterloquitz und Schmiedebach abgebaut.

Blähschiefer sind feine Körner. Sie werden
- im Winter gegen Glätte auf Straßen gestreut,
- als Baustoff unter Fußböden verwendet.

Mit Schiefersplitt werden
- Dachbahnen und Dachschindeln bestreut,
- Wege gestaltet.

2 Forsche nach, welche Eigenschaften Schiefer hat.

Nutzung und Verarbeitung von Stoffen durch Menschen an regionaltypischen Beispielen beschreiben, Verwendungsmöglichkeiten nennen (Schiefer)

Porzellan

Für die Porzellanmasse braucht man diese Stoffe:

Weiße Tonerde

Quarz-Bergkristall

Feldspat

So wird Porzellan in Handarbeit im Gießverfahren hergestellt:

Die Porzellanmasse anrühren

Porzellanmasse in Gips- oder Kunststoffform gießen

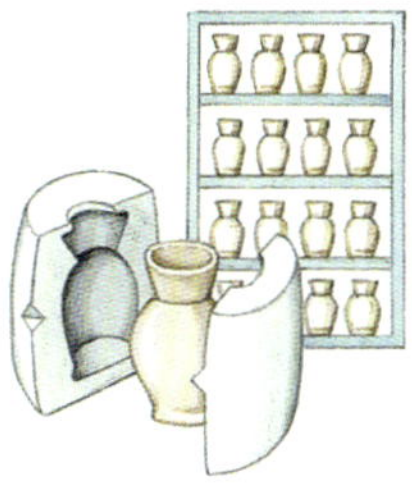
Masse trocknet an den Seiten an, Form entfernen

Erster Brand im elektronischen Ofen (1000 °C)

Das noch poröse Porzellan glasieren, dann bemalen

Endbrand (bis 1480 °C), härtet die Glasur

INTERESSANT

Im Jahre 1708 stellte Johann Friedrich Böttger in Dresden das erste Porzellan in Europa her (in China war es schon seit Jahrhunderten bekannt). Wie, das war ein streng gehütetes Geheimnis.
Etwa 50 Jahre später kamen gleich drei Thüringer dem Geheimnis auf die Spur. Georg Heinrich Macheleid, Johann Wolfgang Hammann und Johann Gotthelf Greiner brannten das „**Weiße Gold**“ mit Rohstoffen aus Thüringen.
1760 wurde in Thüringen die erste Porzellanfabrik gegründet. 100 Jahre später gab es bereits über 876 Porzellanmanufakturen.
Dort arbeiteten 16 000 Menschen.

MITMACHEN UND NACHDENKEN

3 Finde zu Hause Porzellan. Lege eine Tabelle an:

Gegenstand	Nutzen

4 Suche im Internet nach der „Thüringer Porzellanstraße“. Nenne Produkte, die dort hergestellt werden.

Stoffe im Müll

1 Begründe, warum Mülltrennung wichtig ist.
Nutze den Text und die Abbildung.

Viele Produkte werden aus **Rohstoffen** hergestellt, die es nicht unbegrenzt auf der Erde gibt, zum Beispiel Erdöl.
Aus Erdöl sind die meisten Kunststoffe hergestellt.
Es ist möglich, aus dem Abfall neues Material zu gewinnen. Deshalb ist es wichtig, Abfall zu sammeln und zu trennen.

Papier
hergestellt aus Zellstoff (Holzschnitzeln) oder Holz, wieder verwertbar

Glas
hergestellt aus Quarzsand, Kalk, Dolomit, Soda, wieder verwertbar

Wertstoffe
hergestellt aus Erdöl, Metall …, werden wieder aufbereitet und neu verarbeitet

Aufbereitung, Wiederverwendung von Stoffen, Mülltrennung erläutern, dazu diskutieren; Gesprächsregeln einhalten

Verrottet Müll?

EXPERIMENT

Ihr braucht:

- Plastiktüte, Aluminiumfolie, Radiergummi, Bananenschale, Milchschachtel, Eierkarton, Zeitungspapier, Marmeladenglas, Kaugummi

Geht so vor:

- Vergrabt die Sachen im Schulgelände.
- Malt euch auf ein Blatt, wo ihr die Sachen vergraben habt. Denkt auch an die Tiefe.
- Grabt die Sachen nach einem halben Jahr wieder aus.

Bioabfall

von Pflanzen und Tieren, kann man umwandeln und wieder verwerten

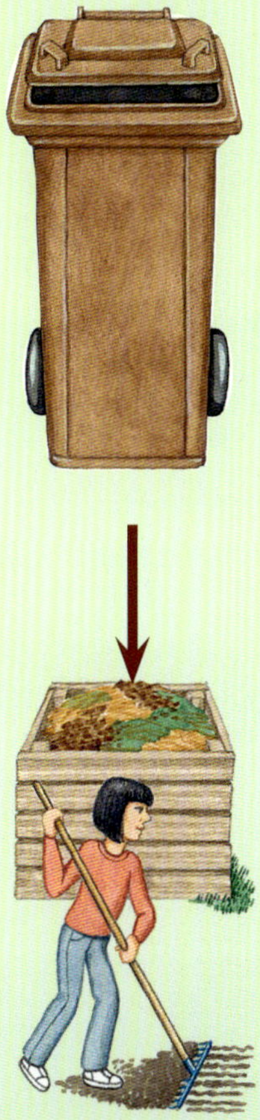

Im Komposthaufen entsteht Humus, der sehr fruchtbar ist.

Restmüll

Müll ohne getrennte Abfälle, verunreinigt, nicht verwertbar, aber nutzbar

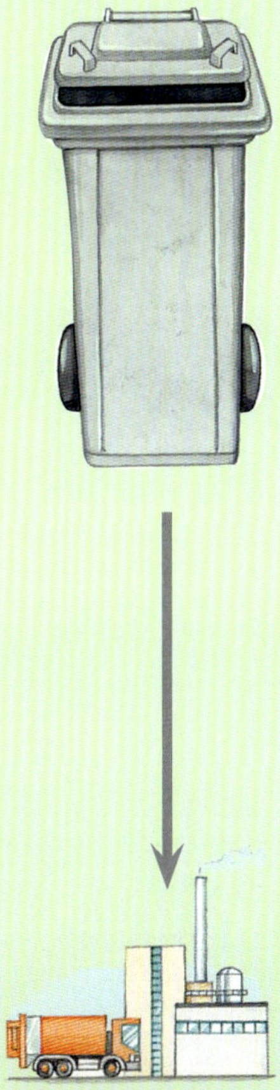

Müll verbrennen, die gewonnene Energie nutzen

LEICHTER LERNEN

Fachwörter sammeln

- Schreibe die Wörter auf und erkläre sie. Nutze dafür kleine Karteikarten.
- Sortiere die Karten: A, B, C …
- Du kannst jederzeit nachlesen.

MITMACHEN UND NACHDENKEN

2 Überlegt Tipps, wie Müll vermieden werden kann.

3 Wie sind eingekaufte Sachen verpackt? Schreibe Beispiele auf. Welche Verpackungen sind unnötig? Begründe.

4 Erforscht genauer, wie ein Stoff aus dem Hausmüll wieder verwertet werden kann. Berichtet in der Klasse.

Aufbereitung, Wiederverwendung von Stoffen, Mülltrennung erläutern, dazu diskutieren; Gesprächsregeln einhalten

AH S.52 S. 2/3, S. 14/15

Freundeseite

Müll wieder verwerten

1 Wähle Aufgaben aus. Forsche nach.

1 Wohin mit dem alten Küchenschrank?

2 Mit Altpapier basteln

Wie kannst du Altpapier verwenden?

3 Müll vermeiden

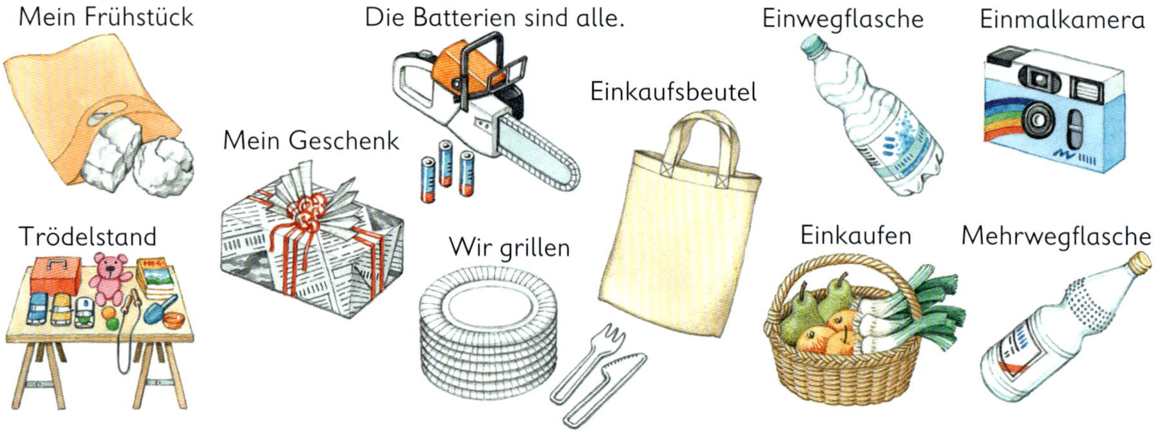

Diskutiert: Wie können wir die Müllmengen verkleinern?

4 Mit Müll basteln

Mit Tetrapacks könnt ihr basteln.
Stellt eure Arbeiten aus.

Aufbereitung und Wiederverwendung von Stoffen an konkreten Beispielen kennen lernen; den verantwortungsbewussten Umgang mit Ressourcen reflektieren

Wusstest du schon …
Medien nutzen

Das Foto beschreiben; Zusammenhänge zwischen der Frage und der unteren Abbildung herstellen

Medien nutzen und bewerten

Es gibt verschiedene Medien. Sie geben durch Schrift, Bild oder Ton Informationen an uns weiter. Mit ihrer Hilfe können wir uns untereinander verständigen.

Die meisten Kinder finden Medien toll: Sie hören, lesen, sprechen selbst, sehen etwas an oder spielen. Sie lernen mit Medien, haben Spaß und tauschen sich mit anderen Kindern aus.
Experten raten: Wer Medien nutzt, der sollte bedenken, dass sie uns nutzen, aber auch schaden können.

INTERESSANT

Zu den Medien gehören:

- Fernseher
- Musik-/Hörspiel-Kassette
- CD
- DVD
- Computer/Laptop
- Tablet-PC
- Radio
- Telefon
- Smartphone/Handy
- Buch
- Videospiel
- Spielkonsole
- Zeitschrift
- Tageszeitung
- MP3-Player
- Kamera

1 Lies die Meinungen der Kinder.
Wähle ein Medium aus. Suche die beiden Meinungen dazu. Begründe sie mit eigenen Argumenten.
Lege dazu eine solche Tabelle an.

Fernsehen ist toll	Viel Fernsehen ist schädlich
Ich kann viel lachen. Ich erfahre viel über Tiere. …	Ich sehe zu oft und zu viel fern. Ich spiele kaum noch draußen. …

2 Wähle zusammen mit einem Partnerkind ein Medium aus.
Der eine nennt dann die Vorteile,
der andere die Nachteile des Mediums.

Wirkung von Medien kritisch beschreiben, vergleichen, den eigenen Medienkonsum überdenken; über Nutzen und Gefahren reflektieren

S. 9

Wir lesen: eine Zeitung, ein Buch, ein Plakat ...
Wir hören: gesprochene Worte und Musik im Radio ...
Wir hören und sehen: gesprochene Worte, Musik und Bilder im Fernsehen ...
Wir sprechen: ins Handy ...
Wir schreiben: E-Mails, Briefe, Textnachrichten ...
Medien geben uns ständig Botschaften. Auch wenn wir es gar nicht wollen oder merken, nehmen wir die Botschaften auf.

Die Medien beeinflussen uns. Egal, ob wir lesen, fernsehen, surfen oder unterwegs sind.

Aufdrucke auf T-Shirts

Werbeplakate im Bahnhof

Musik im Supermarkt

Information aus dem Internet

MITMACHEN UND NACHDENKEN

3 Seht euch die Bilder an.
Welche Medien sind dargestellt?

4 Diskutiert in der Gruppe über Medien in der Schule. Macht Notizen:
- Welche Medien brauchen wir, um zu lernen und uns zu informieren?
- Welche Medien wünschen wir uns in Zukunft?

Begründet eure Meinung.

LEICHTER LERNEN

Einen schönen Lernort gestalten

- Halte Ordnung an deinem Arbeitsplatz.
- Lege die notwendigen Arbeitsmittel bereit.
- Gestalte deinen Lernort so, dass du dich dort wohlfühlst und gut arbeiten kannst.

Im Internet Informationen suchen

1 Verfolge diesen Weg im Internet.

Schritt 1: Was will ich wissen?
- Wie kann ich meinen Führerschein für das Internet machen?

Schritt 2: Wie finde ich etwas im Internet?
- Du kannst direkt eine Internetadresse eingeben.
- Oder du nutzt eine Suchmaschine für Kinder: Starte das Internetprogramm des Computers. Gib den Namen einer Suchmaschine für Kinder ein. Drücke die Eingabetaste.

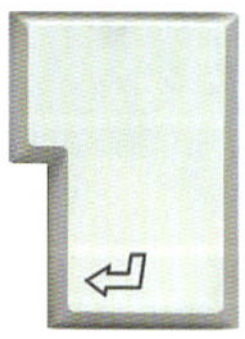

Schritt 3: Welche Suchwörter gebe ich ein?
- Du wählst aus deiner Frage die wichtigsten Wörter aus: **Internet Führerschein**.
- Du gibst diese Suchwörter ein und klickst auf „Los!".

INTERESSANT

Diese Suchmaschinen sind für Kinder interessant:
www.blinde-kuh.de
www.fragfinn.de
www.helles-koepfchen.de
www.kindernetz.de

BEACHTE: JEDER KANN INFORMATIONEN INS INTERNET STELLEN, OB RICHTIG ODER FALSCH.

Zu einen Thema recherchieren, Medien zur Information auswählen; medientechnische Geräte unter Anleitung nutzen

Schritt 4: Wie gehe ich mit den Suchergebnissen um?
Die Suchmaschine zeigt alle Ergebnisse an, in denen die Wörter „Internet" und „Führerschein" vorkommen.

Dein Suchergebnis zum Thema: Internet Führerschein

Website melden

Internet-ABC - Surfschein

Hol dir den **Führerschein** fürs Web. Wenn du lieber noch ein paar Trainingsstunden nehmen möchtest, dann schau doch mal unter "Computer & **Internet**" nach.

http://www.internet-abc.de/kinder/surfschein.php

Internet-Surfschein - Internet-ABC

Der **Führerschein** für das **Internet**. Surfschein; Rechte: **Internet**-ABC. Kinder kommen heutzutage spätestens im Grundschulalter mit dem **Internet** in Berührung, ...

http://www.internet-abc.de/eltern/internet-surfschein.php

Internet-ABC - Startse

Mach Dich fit fürs **Internet** mit dem Intern
kostenlosen Newsletter vom **Internet**-ABC
Internet!

Wonach suchst du?

für Kinder › Lernen & Schule › Surfschein

Surfschein

Das Surfschein-Quiz des Internet-ABC

Teste dein Wissen über das Internet mit dem Surfschein-Quiz des Internet-ABC! Hol dir den "Führerschein fürs Internet"!

Es gibt zwei Versionen: Das Surfschein-Quiz ist recht schnell durchgespielt. Bei der großen Surfschein-Version dauert es etwas länger. Dafür gibt es hier mehr Rätsel zu lösen.

Für beide Versionen gilt: Auf vier Inseln kannst du dich beweisen! Findest du im Internet das, wonach du suchst? Sind dir die Gefahren des Internets bewusst? Weißt du, was es im Internet alles zu entdecken gibt? Und: Kennst du die Regeln, an die du dich im Internet halten solltest?

Wenn du alle Inseln gut geschafft hast, erhältst du den Surfschein. Wenn du den Surfschein nicht bestanden hast, solltest du dein Wissen auffrischen - direkt hier im Internet-ABC mit den Lernmodulen.

Surfschein: Das Quiz

Auf vier Inseln kannst du dich beweisen: Bist du fit fürs Internet? Es erwarten dich unter anderem folgende Themen: Suchmaschinen, Viren, Werbung, E-Mail, Chatten und Soziale Netzwerke.

Quiz starten

Surfschein

Surfschein: Die große Variante

Du hast etwas mehr Zeit und Lust auf Rätsel? Dann probiere mal die große Version des Surfscheins. Auch hier musst auf allen vier Inseln dein Internetwissen zeigen, um den Surfschein zu bekommen.

Surfschein starten

Surfschein

Funktioniert etwas nicht?

Surfschein-Quiz und Surfschein sind in einer recht neuen Programmiersprache entwickelt worden: HTML5. Sie sollten eigentlich auf allen modernen Geräten und mit allen neueren Browsern laufen. Aber wie das so ist mit neuen Sachen: Es kann auch mal Probleme geben. Beachte die folgenden Hinweise oder schreib uns einfach, ok?

Hier findest du Hinweise und Hilfen zum Surfschein.

Mach den Führerschein für das Internet!

Lexikon

Frag mich!

Hallo! Ich bin Michael, euer Internet-ABC-Experte. Ich beantworte alle eure Fragen.

Nachricht an Michael

- Du wählst aus der Liste mit Internetseiten ein Suchergebnis aus und klickst es an.
- Wenn die Seite erscheint, prüfe: Beantwortet die Information meine Frage?
- Reichen die Informationen nicht aus, gehst du zurück und wählst ein anderes Suchergebnis aus.

Schritt 5: Wie werte ich die Informationen aus?

- Die Informationen müssen deine Frage beantworten. Du kannst dir interessante Informationen ausdrucken.

MITMACHEN UND NACHDENKEN

2 Suche selbst Informationen zu einem Thema. Nutze die Kindersuchmaschinen.

PRÜFE, WOHER INFORMATIONEN KOMMEN. LIES AUCH IN SACHBÜCHERN NACH ODER FRAGE EXPERTEN.

Medien auswählen

1 Wähle Aufgaben aus. Forsche nach.

1 Deine Medien

Nicht jedes Medium ist geeignet, um eine bestimmte Information zu finden.
In einem Buch findest du keine Informationen darüber,
was gerade an diesem Tag passiert.
Im Sachbuch findest du keine Märchen.
Mit dem Radio kannst du keine Bilder empfangen.

Benenne die abgebildeten Medien.
Welche nutzt du häufig? Wofür nutzt du sie?

2 Das richtige Medium wählen

A) Welche Temperaturen sagt der Wetterbericht für heute voraus?

B) Wie koche ich Pudding?

C) Was bedeutet das Wort „Manipulation"?

D) Wo bauen Eichhörnchen ihre Kobel?

E) Wann werden in dieser Woche Tierfilme im Fernsehen gezeigt?

F) Wie lange dauert die Bahnfahrt von meinem Heimatort nach Berlin?

Arbeitet in Gruppen:
Welches Medium eignet sich, um die Frage zu beantworten?
Schreibt das Medium auf. Begründet die Auswahl.

Mediennutzung kritisch beschreiben, Möglichkeiten des Medienangebotes zum Lernen und zur Freizeitgestaltung erkennen, beschreiben, anwenden

Zum Nachschlagen

Barometer (digital) 17

Auf dem digitalen Barometer kann man neben dem Luftdruck die Temperatur und meist auch die Luftfeuchtigkeit (Wassergehalt der Luft) ablesen. Die Werte werden nicht durch Zeiger angezeigt, sondern durch Zahlen.

Bergbau 73

In der Erde gibt es an manchen Stellen Bodenschätze, zum Beispiel Eisenerz, Kohle, Salz oder Schiefer. Wenn die Bodenschätze an die Oberfläche geholt werden, nennt man dies Bergbau. Man kann die Bodenschätze von oben ausgraben (= Tagebau) oder unterirdisch in Bergwerken abbauen (= unter Tage).

Blitzhochwasser 24

Wenn es in kurzer Zeit sehr viel regnet, kann ein Blitzhochwasser entstehen. Der Boden kann das viele Wasser nicht schnell genug aufnehmen. Das kann zum Beispiel bei einem starken Gewitter oder bei einer plötzlichen Schneeschmelze passieren. Das Wasser fließt dann über Straßen und Wiesen und durch Städte und Dörfer.

Blizzard 24

Ein Blizzard ist ein heftiger Schneesturm. Besonders oft kommt es in Nordamerika zu Blizzards. Aus dem kalten Norden zieht feuchte Luft schnell nach Süden. Der Schneefall ist dann so stark, dass kaum noch etwas zu sehen ist und sich hohe Schneehaufen bilden.

Brandschutzregeln 40

Brandschutzregeln sollen verhindern, dass es zu einem Brand kommt. Deshalb müssen diese Regeln beim Umgang mit Feuer immer beachtet werden. Wenn es aber doch brennt, helfen Brandschutzregeln auch dabei, Menschen zu schützen und das Feuer zu bekämpfen. So muss es in der Schule genügend Feuerlöscher geben und die Rettungswege dürfen nicht zugestellt werden.

Brauch 78

In einer Gemeinschaft von Menschen gibt es oft Handlungen, die immer zu bestimmten Zeiten und auf bestimmte Weise vorgenommen werden. Beispiele sind das Entzünden eines Osterfeuers, ein Dorfumzug oder ein Kartoffelfest. Solche Bräuche sind gut für das Wir-Gefühl der Gemeinschaft und bilden eine → Tradition.

Bundesrepublik Deutschland 75

Die Bundesrepublik Deutschland wurde 1949 gegründet. Sie war der westliche Teil Deutschlands, bis es 1990 zur Vereinigung mit der → DDR kam. In der Bundesrepublik Deutschland gibt es viele Parteien, freie Wahlen und eine demokratische Regierung. Abgekürzt heißt das Land BRD.

Bürgermeister/Bürgermeisterin 30

Ein Bürgermeister ist der Chef der Stadtverwaltung. Er bereitet die Sitzungen des Stadtrates vor und sorgt dafür, dass auch geschieht, was der Rat beschließt. Außerdem begrüßt er zum Beispiel wichtige Gäste einer Stadt oder eröffnet Sportplätze. Er wird von den Erwachsenen einer Gemeinde für sechs Jahre gewählt.

DDR 75

DDR ist die Abkürzung für „Deutsche Demokratische Republik“. Die DDR gab es von 1949 bis 1990. Sie war der östliche Teil des geteilten Deutschlands. In der DDR gab es keine freien Wahlen. Nur eine Partei und wenige Menschen bestimmten, was geschah. Die Grenze zur Bundesrepublik Deutschland war streng bewacht. Friedliche Proteste vieler Tausend Menschen führten 1989 zum Rücktritt der Regierung und ein Jahr später zur Vereinigung von DDR und → Bundesrepublik Deutschland.

Drogen S. 47

Drogen wirken auf das Gehirn und die Nerven von Menschen. Manche lösen einen Rausch aus, andere machen wach oder betäuben. Drogen sind gefährlich, weil sie süchtig und krank machen.

Einjährige/Mehrjährige Pflanzen 36

Einjährige Pflanzen wachsen im Frühjahr, blühen im Sommer und sterben ab, wenn im Herbst ihre Samen reif geworden sind. Mehrjährige Pflanzen bleiben am Leben und machen eine Winterpause.

Erste Hilfe 33, 52

Nach einem Unfall mit einem Verletzten muss sofort gehandelt werden, noch bevor ein Arzt am Unfallort ist. Das ist die Erste Hilfe – und jeder ist dazu verpflichtet! Erst wird die Unfallstelle gesichert, dann ruft man den Rettungsdienst (Notruf 112). Danach kümmert man sich um den Verletzten. Wichtig ist auch, dass man mit ihm spricht und ihn beruhigt.

Familie 26

Eine Gemeinschaft, in der Eltern und Kinder zusammenleben, ist eine Familie. Familien sind sehr unterschiedlich. In den einen gibt es viele Kinder, in den anderen lebt nur ein Kind. Manchmal sind die Eltern verheiratet, manchmal nicht. In manchen Familien gibt es nur einen Elternteil, in anderen gehören auch die Großeltern oder weitere Verwandte dazu.

Farm 11

Eine Farm ist ein Bauernhof. Das Wort stammt aus der englischen Sprache.

Gebärdensprache 50

Durch die Gebärdensprache können sich Menschen unterhalten, die nicht hören können. Dazu machen sie mit den Händen Zeichen und bewegen die Arme auf bestimmte Weise. Auch der Gesichtsausdruck und die Körperhaltung werden eingesetzt. Außerdem sprechen gehörlose Menschen manchmal Wörter lautlos mit. Es gibt auf der Welt viele unterschiedliche Gebärdensprachen.

Gehörlose 51

Gehörlose sind Menschen, die nicht oder sehr schlecht hören können. Bei ihnen sind die → Ohren oder der Hörnerv geschädigt oder das Gehirn kann mit den Informationen nicht richtig umgehen. Manchmal helfen Hörhilfen wie Hörgeräte. Damit sie sich verständigen können, verwenden Gehörlose die → Gebärdensprache.

Globus 11, 23

Ein Globus ist eine Kugel, die die Oberfläche der Erde zeigt. Man kann also zum Beispiel sehen, wo es Land und wo es Meer gibt. Der Globus ist ein Modell der Erde.

Grenze 62

Eine Grenze ist eine Linie, die zwei Gebiete voneinander trennt. Es gibt zum Beispiel Staatsgrenzen (wie zwischen Deutschland und Polen), Landesgrenzen (wie zwischen Thüringen und Bayern) und Kreisgrenzen (wie zwischen Gotha und Sömmerda).

Grundwasser 88

Wo bleibt das Wasser, wenn es regnet? Meistens versickert es im Boden. Unterirdisches Wasser heißt Grundwasser. Wenn es lange in der Erde bleibt, wird es sehr sauber und kann als Trinkwasser genutzt werden.

Jahreszeiten 23

Dass es Frühling, Sommer, Herbst und Winter gibt, hat mehrere Gründe: Die Erde wandert in einem Jahr um die Sonne herum. Die Erdachse steht dabei nicht gerade, sondern ist leicht schief. Dadurch wird die Nordhalbkugel im Sommer stärker beschienen als im Winter. Die Sonne steht bei uns im Sommer höher am Himmel, ist kräftiger und scheint länger. Auf der Südhalbkugel ist es umgekehrt.

Klassenrat 8

Im Klassenrat kommen alle Schülerinnen und Schüler einer Klasse zusammen. Sie sagen einander dann, was ihnen gefällt und was ihnen nicht gefällt. Außerdem können die Kinder gemeinsam planen, Vereinbarungen und Beschlüsse fassen.

Kochmaschine 76

Die Kochmaschine war ein Herd aus Metall, in dem ein Feuer aus Kohlen oder Holz brannte. Man konnte damit kochen, backen und Wasser heiß machen. Außerdem sorgte sie in der Küche für Wärme.

Kompass 61

Mit einem Kompass kann man sich auf dem Meer und auf dem Land orientieren. Ein Gehäuse und ein Glas schützen ihn. Unter dem Glas ist die Windrose, auf der die Himmelsrichtungen eingetragen sind. Eine Kompassnadel zeigt immer an, wo Norden ist.

Kultur 26

Kultur ist das, was sich die Menschen ausgedacht und was sie geschaffen haben. Dazu gehören Sprache, Musik, Regeln und Gesetze, Technik, Kleidung und vieles andere.
Dabei haben die unterschiedlichen Gemeinschaften der Menschen auch unterschiedliche Kulturen.

Landrat/Landrätin 30

Ein Landrat ist der Chef eines Landkreises. Er bereitet die Sitzungen des Kreistages vor und sorgt dafür, dass die Beschlüsse des Rates umgesetzt werden. Der Landrat wird von den Erwachsenen eines Landkreises für sechs Jahre gewählt.

Landschaft 60

Eine Landschaft ist ein Gebiet mit typischen Merkmalen. Die Merkmale können zum Beispiel ein Gebirge, Flachland, Wälder oder Flüsse sein.

Lapbook 95

In einem Lapbook werden Informationen zu einem Thema gesammelt. Eigentlich ist es eine Mappe, die sich mehrfach aufklappen lässt. Die Klappen bieten Platz für Steckbriefe. Taschen mit Kärtchen, Bilder oder kleine Faltbücher können darin eingeklebt werden.

Lufttemperatur 15

Auch die Luft hat eine Temperatur. Sie hängt von der Sonnenstrahlung ab. Die Sonnenstrahlen erwärmen den Erdboden und der erwärmt die Luft darüber. Je mehr also die Sonne scheint, umso wärmer wird die Luft.

Naturgarten 84

In einem Naturgarten wachsen einheimische Pflanzen.
Von diesen Pflanzen ernähren sich verschiedene Wildtiere. Die Gärtner gehen mit dem Boden, den Pflanzen und den Tieren im Naturgarten sehr schonend um. Sie verwenden keine Gifte gegen Schädlinge und keinen künstlichen Dünger.

Naturschutzzeichen 84

In einem Naturschutzgebiet gibt es besondere Regeln. Zum Beispiel darf man dort keine Pflanzen pflücken. Damit die Menschen wissen, dass sie ein Naturschutzgebiet betreten, werden Schilder aufgestellt.
In Deutschland gibt es dafür drei Schilder, eins zeigt einen Seeadler, die beiden anderen eine Eule.

Nutztier 94

Nutztiere werden von Menschen genutzt. Sie liefern zum Beispiel Fleisch, Milch, Eier, Honig oder Wolle. Manchmal helfen Nutztiere den Menschen aber auch bei der Arbeit oder beim Transport, wie Pferde oder Esel.

Ohr 48

Das Ohr gehört zu unseren Sinnesorganen. Mit ihm können wir hören. Das äußere Ohr fängt Schallwellen auf und leitet sie weiter in das Innenohr. Dort treffen sie auf den Hörnerv, der das Gehirn über die Art des Schalls informiert – zum Beispiel darüber, dass jemand mit uns spricht. Weil wir zwei Ohren haben, können wir auch feststellen, aus welcher Richtung ein Geräusch kommt.
Außerdem befindet sich unser Gleichgewichtsorgan im Ohr.

Planetarium 74

Ein Planetarium ist eigentlich ein Kino. Der Vorführraum ist aber rund, die Zuschauer sitzen im Kreis und über ihren Köpfen befindet sich eine Kuppel. Dort werden wie auf einer Leinwand Bilder und Filme gezeigt – meist von Sternen und Planeten.
So bekommt man das Gefühl, eine Reise durchs Weltall zu machen.

Protokoll 9

In einem Protokoll wird aufgeschrieben, was gesagt und beschlossen wurde, zum Beispiel im → Klassenrat.
Dazu wird vorher festgelegt, wer das Protokoll schreibt.

Quelle 88

In der Erde befindet sich → Grundwasser. Manchmal sammelt es sich und tritt an der Erdoberfläche wieder aus. Dann ist es eine Quelle. Quellwasser ist meistens sehr klar. An der Quelle bildet sich ein kleiner Bach, der zu einem Fluss werden kann.

Radarbild 21

Mit einem speziellen Radargerät können Wolken gemessen werden. So wird festgestellt, wohin die Wolken ziehen und ob es regnen wird. Filme und Fotos vom Regenradar zeigt der Wetterdienst auch im Internet.

Regeln 6

Eine Regel ist etwas, an das man sich halten sollte oder an das man sich halten muss. Wir haben Regeln, um friedlich miteinander leben zu können, um Ordnung zu halten oder um Gefahren zu vermeiden. Es gibt unterschiedliche Regeln, zum Beispiel Spielregeln, Verkehrsregeln oder Klassenregeln.

Rohstoff 104

Ein Rohstoff ist ein Stoff, den es in der Natur gibt und den die Menschen nutzen können. Der Stoff wird direkt verwendet oder zu anderen Dingen verarbeitet. Beispiele sind Sand, Salz oder Erdöl. Aber auch Stoffe aus dem Pflanzen- und Tierreich wie Holz, Getreide und Wolle sind Rohstoffe.

Schieferbruch 102

Ein Steinbruch ist ein Tagebau (→ Bergbau). Wenn in ihm Schiefer abgebaut wird, heißt er Schieferbruch.

Skype 11

Skype ist ein Programm für Computer und Handys. Damit kann man über das Internet telefonieren. Das nennt man skypen. Wenn das Gerät eine Kamera hat, kann man sich beim Telefonieren auch sehen.

Spur und Fährte 37

Die Fährte ist der „Fußabdruck" eines Tieres. Die Muster, die Tiere auf dem Boden hinterlassen, sind typisch. Daher kann ein guter Fährtenleser sagen, von welchem Tier eine Fährte stammt. Es gibt aber noch andere Spuren: Federn, Eierschalen und Fraßspuren, zum Beispiel an Nüssen, sind ebenfalls Hinweise auf bestimmte Tiere.

Stress 45

Schon den Menschen in der Steinzeit ging es so: Immer wenn sie einer Gefahr begegneten, zum Beispiel einem Raubtier, spannten sich die Muskeln an und der Puls wurde schneller. Ihr Körper war nun bereit zum Kampf oder zur Flucht. Das ist Stress. Aber auch wir merken Stress: bei Lärm, ständigem Ärger oder vor einer schweren Klassenarbeit. Wir bekommen Kopfschmerzen, können nicht schlafen oder sind ganz zappelig. Doch dagegen kann man etwas tun. Besonders wichtig sind Ruhe und Entspannung.

Thermometer 15

Wie kalt oder wie warm ist etwas? Das wird mit einem Thermometer gemessen. Es gibt Thermometer für viele Zwecke, zum Beispiel Außenthermometer, Zimmerthermometer, Fieberthermometer und Badethermometer.

Tracht 78

Trachten sind Kleidungsstücke, die vor allem früher getragen wurden. Sie waren typisch für bestimmte Berufe oder für eine bestimmte Gegend. Oft wurden sie nur zu einem bestimmten Anlass getragen. So gab es zum Beispiel eine Bauerntracht, eine Tracht aus Altenburg oder eine Tracht für die Hochzeit. Heute werden Trachten meist nur noch zu bestimmten Festen getragen.

Tradition 26

Zur Einschulung gibt es eine Schultüte, Silvester werden Knaller gezündet, Ostern Eier gefärbt und zum Geburtstag darf man sich etwas wünschen … Dies sind Beispiele für Traditionen. Man kann also sagen, eine Tradition ist ein → Brauch oder eine Gewohnheit.

Tropfsteine 73

Tropfsteine erinnern an Eiszapfen. Es gibt sie in Höhlen, Bergwerken und Gebäuden. Dabei tropft Wasser, das sehr viele Stoffe enthält, sehr langsam von der Decke oder von einem Felsvorsprung. Das Wasser fließt so langsam, dass sich die Stoffe ablagern und Zapfen oder Säulen bilden.

Vakuum 16

Ein Vakuum ist ein Raum, in dem es keine Luft gibt. Das kann man erreichen, indem man die Luft aus diesem Raum herauspumpt. Lebensmittel werden manchmal in einem Vakuum verpackt. Sie sind dann länger haltbar.

Verkehrsgarten 69

Ein Verkehrsgarten ist ein Übungsplatz, auf dem Kinder das Fahrradfahren und das richtige Verhalten im Verkehr üben können.

Warmwasser-Heizung 77

Bei einer Warmwasser-Heizung wird in einem Heizkessel Wasser erwärmt. Der Kessel steht meistens im Keller. Das warme Wasser wird über Röhren in die Wohnungen geleitet. Es fließt in die Heizkörper, die die Räume dann heizen.
Wenn sich das Wasser abgekühlt hat, fließt es zum Brenner zurück und der Kreislauf beginnt erneut.

Weißes Gold 103

Mit dem „Weißen Gold“ ist Porzellan gemeint. Das Porzellan war früher so kostbar wie Gold. Johann Friedrich Böttger, der das erste Porzellan in Europa herstellte, wollte eigentlich tatsächlich künstlich Gold herstellen.

Weltmeere 88

Im Weltraum leuchtet die Erde blau, weil ihr größter Teil von Meer bedeckt ist. Die Weltmeere werden auch Ozeane genannt. Es gibt den Atlantik, den Pazifik und den Indischen Ozean.
Darin leben unzählige Pflanzen und Tiere. Das Wasser der Meere ist sehr salzig.

Wetterbericht 14

Wetterstationen in allen Ländern und Satelliten senden Daten an Forscher. Diese erfahren so, wie das Wetter an vielen Orten gerade ist.
Sie erstellen einen Wetterbericht.
Und die Forscher können sagen, wie das Wetter in den nächsten Tagen wahrscheinlich sein wird.

Wetterstation 21

In einer Wetterstation befinden sich Messgeräte, die zum Beispiel die Temperatur, die Windgeschwindigkeit und die Dauer des Sonnenscheins messen. Die Wetterforscher benötigen die Messdaten für den → Wetterbericht. Um die Messgeräte zu schützen, werden sie oft in einer kleinen Wetterhütte untergebracht.

Winterdienst 34

Der Winterdienst räumt die Straßen bei Schnee und Eis. Dann können Fahrer die Straßen wieder benutzen.

Abbildungsverzeichnis

7 un. Interfoto /Sammlung Rauch; **7 un.** bpk-images; **11 1** Shutterstock/Syda Productions; **11 2** imago sportfotodienst / stock& people ; **12** VISUM /Jens Gyamaty; **15** dpa Picture-Alliance, **15 1** akg /Science Photo Library; **18 1** Fotolia/manuela_merl; **18 2** All mauritius images/Medical & Science; **18 3** Fotolia/hydebrink; **18 4** BilderBox; **19 1** Shutterstock/Mr Twister; **19 2** Shutterstock/ Pakhnyushchy; **19 3** Shutterstock/Kichigin; **19 4** blickwinkel; **19 5** Fotolia/LianeM, **19 6** Shutterstock/Mihai Simonia; **19 7** Shutterstock/OMMB; **21 1** action press; **21 2** Deutscher Wetterdienst (DWD) Deutscher Wetterdienst (DWD); **21 3** action press; **22 un. re.** Interfoto /CCI; **22 un. li.** Interfoto /Sammlung Rauch; **23 ob. re.** Fotolia /amphotolt;**23 ob. li.** action press /Derner; **24 ob.** Glow Images/Science Faction;**24 un.** action press /NASA; **24 Mi.** TopicMedia Service /Imagebroker.com; **26 4** Shutterstock/ Monkey Business Images; **26 1** Shutterstock/Sylvie Bouchard; **26 2** Shutterstock/Andy Dean Photography; **26 3** Shutterstock/Monkey Business Images; **26 5** Shutterstock/imtmphoto; **27 1** Fotolia/Fanfo ; **27 2** Fotolia/Joshua Resnick; **28** Shutterstock/Nancy Bauer; **29 1** Shutterstock/Pressmaster; **29 2** action press; **34 1** Shutterstock/strelka; **33** Glow Images; **34 4** www.fragFINN.de; **36 1** Fotolia/ emer; **36 2** OKAPIA Bildarchiv KG; **37 1** Image Source; **37 2** Corbis RM; **37 3** blickwinkel; **38 un. 1** Bundesanstalt Technisches Hilfswerk; **38 un. 2** Deutsches Rotes Kreuz; **38 un. 3** dpa Picture-Alliance; **40 ob.** TopicMedia Service /imagebroker.net; **40 Mi.** All mauritius images /Axel Killian; **40 re. un.** All mauritius images /age; **48 re.** picture-alliance /ZB; **53** euroluftbild.de/Süddeutsche Zeitung Photo; **58 1** Shutterstock/Catalin Petolea ; **58 2** Fotolia/scimmery1; **58 3** Bildagentur-online/Frank Exß; **67 1-2** akg-images; **67 3** F1online digitale Bildagentur ; **67 4** bpk; **68 1** Heinrich Vogel Verlag; **85 1** Look Bildagentur; **86** Shutterstock/Mika Heittola; **71 ob.** picture alliance/dpa-Zentralbild/Archiv Neumann; **71 un.** Volker Z/Fotolia.com; **72 re. un.** McPHOTO /vario images; **72 li. un.** Glow Images /Image BROKER RM; **72 un. Mi. li.** TopicMedia Service /imagebroker.com; **72 un. Mi. re.** Corbis; **73 ob. li.** Werner Otto /AGE /F1online; **73 ob. re.** imagebroker /Vario images; **73 Mi. re./un. li.** TopicMedia Service /Imagebroker. com; **74 Mi.** imago/United Archives; **74 ob. re.** Jan-Peter Kasper dpa/lth; **74 ob. li.** Interfoto /Friedrich; **74 un.** VISUM/C/M / Fragassso ; **75 ob. li.** action press /RUST, FRITZ HANNOVER; **75 ob. re.** VISUM; **76 Mi.** bpk-images/Kurt H. Hartmann; **76 un. li.** © living4media /Lioba Schneider; **76 un. Mi.** All mauritius images /Peter Lehner; **76 un. re.** TopicMedia Service/imagebroker.com ; **78 ob.** Arkivi UG; **79 ob.** F1online digitale Bildagentur; **80 ob.** Image Source /Wilfried Krecichwost; **80 Mi. li.** Image Source/PERRY MASTROVITO; **80 un.** Corbis RM; **80 ob. li.** Iris Kloepper /VISUM creative ; **80 Mi. re.** picture-alliance /Blickwinkel /F; **81 ob. li.** Shutterstock/Nailia Schwarz Nailia Schwarz; **81 ob. re.** epd-bild/Steffen Schelhorn; **81 un. li.** Juniors Bildarchiv/ WILDLIFE ; **81 un. re.** Image Source /Claire Keeley ; **82 ob.** TOPICMedia Service/imagebroker.net; **82 ob.** Minden Pictures / juniors@wildlife ; **86** Fotolia/Tamas Zsebok, Shutterstock/Vlada Z; Shutterstock/Sergey Uryadnikov, Shutterstock/Peter Gudella, Shutterstock/Ruggiero Scardigno; **90** picture-alliance /Uwe Gerig ; **93** Image Source/Claire Keeley; **94 ob. li.** picture-alliance / Blickwinkel; **94 ob. re.** Image Source /Wilfried Krecichwost; **95 ob. re.** Juniors Bildarchiv; **95 ob. li.** Image Source /Tavis Wright; **96 re.** Wildlife/Juniors Bildarchiv; **96 li.** action press /Jean Michel Nossant /SIPAachtion press; **97** Knut Mueller /Vario Images ; **98 ob. li./ob. Mi.** /Juniors Bildarchiv/Düren, A./WILDLIFE; **98 ob. li.** Juniors Bildarchiv/S. E. Arndt ; **98 un. li.** Juniors Bildarchiv/J. Guenthrschule/WILDLIFE ; **98 un. Mi.** Juniors Bildarchiv; /J.-L. Klein & M.-L. Hubert **98 un. re.** Juniors Bildarchiv/Leirich, M.; **102 Mi. re.** Image Source /Jackson J Russell; **102 Mi./Mi. ob.** Image Source /Claire Keeley; **102 ob.** D. Harms/WILDLIFE; **102 un. li.** F1online digitale Bildagentur/Nedra Westwater; **102 un. re.** Shutterstock/Deviant; **102 Mi. re.** Fotolia /denira; **103 un.** bpk /Victoria and Albert Museum, London; **103 ob. li.** Shutterstock/Phototee; **103 ob. Mi.** PantherMedia/okunsto; **103 ob. re.** PantherMedia/onlyfabrizio; **107** Corbis RM; **109 un. re.** All mauritius images/alamy; **109 ob. li.** Shutterstock/alevtina; **109 ob. re.** akg-images /L. M. Peter; **109 un. li.** Shutterstock/Alleph Studio; **110–112** www.fragFINN.de; **111** Internet-ABC e.V.

Auftragsfotografie

Peter Wirtz, Dormagen: 6 ob. /Mi. un. /un./Mi. ob., 7 ob./Mi. 1 /2/3; 30 ob.; 25 1, 41 1, 50 un. re. 1–2, un- li. 1-2; 51 ob.; 61 1–3, 64, 66, 69, 70, 101.

Karten

55–57, 60, 62 Peter Kast, Ingenieurbüro für Kartographie, Wismar

Für Lehrerinnen und Lehrer

Lernbereich	Seiten im Schülerbuch 3	Seiten im Arbeitsheft 3
Lebewesen und Lebensräume		
– Mensch	6–7, 12, 25–29, 32, 40, 41–52	8–9, 16–21
– Tiere	36–37, 93–100	38–39, 47–49
– Lebensräume	36–37, 80–83	38–39
Natur und Technik		
– Wetter	13–15, 18–24, 34–35	6–7, 12–13
– Wasser	85–92	40–44
– Luft	16–17	45
– Stoffe	101–106	50–52
Raum und Zeit		
– Individuum in Raum und Zeit	22–23, 53–63	22–27, 34–37, 55
– Schule als sozialer Lebensraum	5–12	2–5
– Heimat als regionaler Lebensraum	28–29, 64–65, 71–78	10–11, 28–29
Individuum und Gesellschaft		
– Individuum in der öffentlichen Gemeinschaft	30–32, 66–70	30–33
– Institutionen lokaler und regionaler Gemeinschaften	33, 38–39	14–15
– Individuum und Medien	79–84, 107–112	38–39